UVENIRS D'UN DÉPORTÉ

EN

NOUVELLE-CALÉDONIE

(1871)

Suivis :

la loi du 8 juin 1850 sur la déportation ;

la loi du 23 mars 1872, qui désigne de nouveaux lieux de déportation ;

la loi du 25 mars 1873, ayant pour objet de régler la condition des déportés à la Nouvelle-Calédonie.

Avec les cartes :

Nouvelle-Calédonie. — de l'Ile des Pins, — de la Presqu'île Ducos.

Par JULIUS PRÆTOR

PARIS

FAYARD, Éditeur, 19, rue des Noyers

Boulevard Saint-Germain

1875

SOUVENIRS

D'UN

DÉPORTÉ

EN

NOUVELLE-CALÉDONIE

(1871)

Par JULIUS PRÆTOR

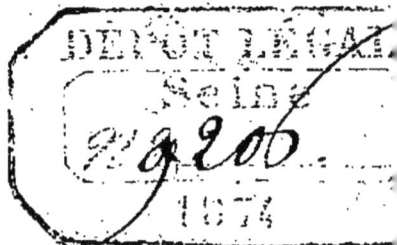

PARIS

ARTHÈME FAYARD, ÉDITEUR, 49, RUE DES NOYERS

(Boulevard Saint-Germain)

—

1875

SOUVENIRS D'UN DÉPORTÉ
DE 1871

I. — RENDEZ-VOUS !

C'était le 22 mai 1871, lendemain de l'entrée des troupes à Paris.

Jardel, Fantet et moi nous étions embusqués derrière un mur crénelé d'un jardin de Passy.

Fantet était ivre, Jardel exalté, moi découragé. Je voyais depuis longtemps que la partie était perdue, l'affreuse anarchie qui divisait les pouvoirs de la Commune avait dissipé mes illusions et j'éprouvais comme un vague pressentiment des atrocités qui allaient se commettre et envelopper tous les insurgés dans le même déshonneur. Un faux amour-propre m'avait cependant retenu jusqu'à la fin dans les rangs des fédérés ; je craignais, si je les quittais, d'être considéré comme un lâche déserteur. Beaucoup d'entre nous manifestaient les mêmes sentiments, et puis, où aller? que faire? comment vivre?

Les réflexions les plus amères agitaient mon esprit et pourtant j'attendais, l'arme au pied, résolu à tirer sur le premier *lignard* qui paraîtrait au coin de la rue. Tout à coup un léger bruit se fait entendre, nous épaulons nos fusils, quand derrière nous une voix énergique s'écrie: « Rendez-vons ! »

Nous nous retournons, stupéfaits, et nous apercevons dans le jardin un piquet de fantassins prêt à faire feu sur nous au moindre mouvement. Toute résistance était impossible. Nous déposons nos fusils contre le mur et nous nous livrons sans mot dire au sous-officier qui commandait le piquet et qui nous fit conduire dans une casemate d'un bastion d'Auteuil.

———

II. — LA CASEMATE

La salle était presque entièrement obscure. De nombreux insurgés y avaient été déjà renfermés et à chaque instant on amenait de nouvelles fournées.

Que de souffrances j'endurai dans cet étroit réduit ! Une odeur insupportable nous suffoquait ; nous étions en quelque sorte collés les uns contre les autres, tant l'espace nous manquait, et les cris, les jurements, les imprécations s'opposaient à tout recueillement. Jardel récriminait de sa voix aiguë. Quant à Fantet, il s'était étendu le long du mur, et, bien qu'on lui marchât sur le corps, il dormait du sommeil morose de l'ivrogne.

Ce supplice ne dura fort heureusement que quelques heures. Le soir, un fort détachement de hussards vint nous prendre pour nous conduire à Versailles. On nous

fit placer six de front sur une vingtaine
de rangs et, au moyen d'une ficelle, on at-
tacha les poignets de chacun de nous aux
poignets de son voisin. Les hussards se
disposèrent les uns en avant-garde, les
autres en escorte, d'autres enfin par file
sur nos flancs, de manière à ce que chaque
cheval dépassât de la tête la croupe de
son chef de file.

En traversant le Point-du-Jour, je pus
constater les déplorables conséquences de
la guerre. Quelle désolation ! Les maisons
éventrées laissaient voir à nu les apparte-
ments en ruine. Ce n'était partout que
meubles brisés, tentures déchirées, boise-
ries brûlées, et, sur le sol, débris de toute
nature, de candélabres cassés, de bancs
écornés, de pierres émiettées, de branches
d'arbres hachées et des quantités énormes
d'éclats d'obus que ramassaient déjà des
spéculateurs en ferraille.

III. — CHANTS D'OISEAUX

Au détour de la porte de Versailles, une foule de gens où dominaient les enfants et les femmes, accourut pour nous voir passer. Fantet, qui n'avait pas encore recouvré la plénitude de sa raison, crut devoir pousser un cri aviné de : Vive la Commune ! Alors, un des curieux, homme grand et à figure énergique, se redressa de toute la hauteur de sa taille, et étendant son bras du côté de Paris, s'écria sur le ton d'une douloureuse indignation : — La Commune ! Voilà ce qu'elle a fait.

Fascinés par le geste impérieux de cet homme, nous nous retournâmes tous, et voyant d'immenses spirales de fumée se dérouler dans le ciel, nous comprîmes que Paris était en feu.

Pour ma part, j'en fus consterné ; en me jetant dans l'insurrection, j'avais sin-

cèrement cru défendre la cause républi-
caine et je sentais qu'on exploiterait contre
elle tous les crimes commis en son nom.
A mesure que nous avancions dans la
campagne, l'air pur des champs, la vue
des riants côteaux de Chaville et de Viro-
flay, le chant des oiseaux surtout (car pendant la durée de la lutte les oiseaux semblaient avoir déserté Paris), le spectacle
toujours charmant pour moi de l'impassi-
ble nature concouraient à rétablir l'équi-
libre dans mon organisme et à rendre la
lucidité à mon esprit. Nous n'étions pas
encore arrivés à l'orangerie du parc de
Versailles, où nous fûmes enfermés, que
j'exécrais dans mon cœur les hommes assez coupables pour avoir terni la cause
populaire par leurs scélérates entreprises.
Et je n'avais pas encore appris l'exécution
des otages !

IV. — CONDAMNATION

Dix jours après, je comparaissais devant le deuxième conseil de guerre de la première division militaire, dont le siège avait été transféré, en raison des circonstances, de Paris à Versailles. Je pris une attitude digne, exempte à la fois de forfanterie et de bassesse, et j'avouai franchement que j'avais fait le coup de feu contre les troupes régulières. Le conseil de guerre rendit un jugement qui me condamnait à la déportation dans une enceinte fortifiée. Jardel et Fantet furent le lendemain condamnés à la même peine. La semaine suivante, on nous dirigea sur Cherbourg par les voies rapides.

V. — LE HOMMET

Le nombre des individus arrêtés pour participation à l'insurrection de Paris s'élève aujourd'hui à 20,604. Comme les conseils de guerre fonctionnent encore, je ne puis évaluer le chiffre de tous ceux qui ont été condamnés à la déportation, mais on peut certainement prévoir qu'il ne dépassera pas 4,000. Au 1er janvier 1874, 3,324 déportés étaient arrivés en Nouvelle-Calédonie. Quand nous descendîmes à Cherbourg, il n'était pas encore question de notre départ pour l'Océanie.

Les 20,604 individus arrêtés furent répartis, pour y être détenus, dans nos quatre grands ports militaires de l'Océan : Rochefort, Lorient, Brest et Cherbourg. On versa cette énorme population dans les forts et les pontons. A Rochefort, elle occupa dix forts et quatre pontons ; à Lorient, les citadelles de Port-Louis et de Belle-Isle et les pontons la *Pénélope*, la *Prudence* et la *Vengeance* ; à Brest, le fort Quélern et quatorze pontons; à Cherbourg enfin, dix pontons et les forts de l'Ile-Pelée, du Hommet et de la Digue. C'est dans le Hommet que je fus incarcéré.

A peine fus-je installé, que l'administration me désigna pour un emploi de confiance. On m'adjoignit au comptable et j'eus à m'occuper de la distribution des vivres et de quelques services peu importants se rattachant à l'économie du fort. Je jouis dès lors de plus de liberté et je pus en même temps m'isoler de mes camarades d'infortune et me recueillir.

Mon premier moment de loisir fut consacré à la lecture. Un vieux moraliste me tomba sous la main ; c'était Charron, l'auteur du livre *de la Sagesse*. Cette réflexion frappa profondément mon esprit : « Que s'il advient que par malheur, imprudence ou autrement, l'on se trouve engagé en une vocation et train de vie pénible et incommode, et que l'on ne s'en puisse plus dédire, ce sera office de prudence et sagesse de se résoudre à la supporter, l'adoucir et l'accommoder à soi tant que l'on peut, et, comme les abeilles qui du thym, herbe âpre et sèche, font le miel doux, faire de nécessité vertu. »

Je résolus de suivre un si bon conseil.

VI. — PLAISIR DES YEUX

Le lendemain j'en fis l'application presque malgré moi. Il faisait un temps splen-
dide et j'eus l'autorisation de monter sur
le rempart. Quel spectacle admirable s'of-
frit tout à coup à mes yeux !

Je me trouvais au centre d'un immense
cercle formé par Cherbourg et la digue.

Cette digue, l'un des témoignages les
plus éclatants de la puissance de l'homme,
mesure une lieue de longueur sur neuf
mètres d'épaisseur à la couronne. Elle
protége le port contre les assauts de la
mer. Deux forts s'élèvent à ses extrémités
et sont reliés entre eux par un fort central de l'effet le plus pittoresque.

La ville, assise au pied de la montagne
fortifiée du Roule, décrit une courbe autour de la rade. Plusieurs forts en défen-
dent l'approche, notamment le fort de l'île

Pelée, à l'est, et le fort Chavagnac, à l'ouest.

Celui du Hommet, où je me trouvais, forme un des ouvrages de défense de l'arsenal, qui comprend le port militaire. C'est dans l'arsenal que des milliers d'ouvriers construisent les vaisseaux cuirassés, véritables merveilles de l'art naval. Je ne pouvais détacher mes yeux de tant d'objets nouveaux pour moi, et quand j'avais bien considéré la ville, je contemplais la mer, que je voyais pour la première fois. Il me serait impossible de rendre l'émotion que sa vue me faisait éprouver. Je ne pouvais me lasser de suivre du regard ces vagues renouvelées sans cesse, dont la couleur d'un bleu sombre se frangeait au loin d'une écume blanche comme de la neige. Qu'est-ce, me disais-je, que cette immense digue, travail gigantesque dont les hommes sont si fiers, auprès de l'océan grandiose dont la profondeur et l'étendue confondent l'imagination? Un point dans l'espace. Peu à peu mon âme s'éleva vers l'auteur des choses et je remerciai Dieu d'un cœur fervent d'adoucir par l'admiration de ses œuvres l'infortune du pauvre captif. Je serais resté longtemps encore plongé dans mes rêveries, quand je m'entendis interpeller d'une voix joyeuse. C'était l'avocat.

À peine sorti de l'école de droit, ce jeune homme s'était lancé dans le mouvement insurrectionnel, plus par tempérament que par conviction.

Il était fort instruit et parlait avec une facilité remarquable. Malheureusement pour lui, sa parole enflammée avait excité les applaudissements dans les clubs et il s'était cru appelé à jouer le rôle de tribun populaire. Comme moi, il venait d'être condamné à la déportation dans une enceinte fortifiée. Employé aux écritures dans le fort, ses fonctions nous mettaient souvent en rapport ensemble. Je me plaisais à l'entendre causer, car il possédait une instruction bien supérieure à la mienne et sa conversation m'enseignait toujours quelque chose.

— Je vous annonce, me dit-il, que l'Assemblée nationale vient de modifier la loi sur la déportation.

— Il était donc nécessaire de modifier cette loi ? répondis-je.

— Sans doute, car il eût été matériellement impossible de l'appliquer à un si grand nombre de condamnés.

La peine de la déportation a été inventée par les Romains qui la réservaient à la répression des crimes politiques. Le condamné, transporté dans une île, jouissait de la liberté dans ce séjour, mais il ne pouvait en sortir.

Ressuscitée par la Révolution, qui tantôt la considéra comme une peine politique et tantôt comme une peine d'un degré supérieur destinée à frapper certains récidivistes, la déportation est restée en quelque sorte lettre morte dans le Code pénal jusqu'en 1850. Son principal caractère consistait dans l'éloignement du condamné hors du territoire continental de la France, mais aucun lieu de déportation n'avait été désigné et jusqu'à ce qu'il fût établi le déporté devait subir la détention, soit dans une prison de la métropole, soit dans une prison située sur l'une des possessions françaises d'outre-mer.

La loi du 8 juin 1850 a vivifié cette peine en établissant des lieux de déportation. Vous savez que la Constitution de 1848 avait aboli la peine de mort en matière politique. Eh bien ! la loi de 1850 décida que, dans tous les cas où la peine de mort était abolie par la Constitution, cette peine serait remplacée par celle de la *déportation dans une enceinte fortifiée*. Ainsi fut créée une peine nouvelle, celle qui figurait au Code pénal devenant ou restant la *déportation simple*.

La France possède quelques îles en Océanie, notamment les îles Marquises dans l'archipel de Mendana. On décida que la vallée de Vaïthau, dans une de ces îles, recevrait les connamnés à la déportation dans une enceinte fortifiée et l'île de Noukahiva les condamnés à la déportation simple. En fait, il y eut peu de condamnés à la déportation ; je crois qu'après 1851, il en fut jusqu'à trois que l'on pourrait nommer.

Cette application de la loi nouvelle eut toutefois un bon résultat ; ce fut de démontrer que les lieux de déportation

avaient été mal choisis. Les îles Marquises offrent peu de ressources, l'entretien
des condamnés coûtait fort cher et le climat présentait des dangers au point de
vue sanitaire.

— La modification introduite par l'Assemblée, dis-je en l'interrompant, doit nécessairement porter sur le changement de
lieu de déportation.

— Principalement, répondit l'avocat. La
presqu'île Ducos, dans la Nouvelle-Calédonie, est déclarée lieu de déportation dans
une enceinte fortifiée. L'île des Pins,
et, en cas d'insuffisance, l'île Maré, dépendances de la Nouvelle-Calédonie, re-
cevront les condamnés à la déportation
simple.

— Et à quel régime serons-nous soumis,
demandais-je avec une certaine appréhen-
sion ?

— Voici : les condamnés à la déportation
dans une enceinte fortifiée jouiront, dans
la presqu'île Ducos, de toute liberté compatible avec la nécessité d'assurer la garde
de leur personne et le maintien de l'ordre.
Les condamnés à la déportation simple
jouiront, dans l'île des Pins et dans l'île

Maré, d'une liberté qui n'aura pour limite que les précautions indispensables pour empêcher les évasions et assurer la tranquillité et le bon ordre.

Dans les deux mois qui suivront la promulgation de la loi, le gouvernement devra presenter un projet de loi réglant le régime des condamnés, la compétence disciplinaire à laquelle ils seront soumis, les concessions de terre, enfin le droit pour les familles des déportés de se rendre dans les lieux de déportation, et les conditions auxquelles elles pourront obtenir les transports aux frais de l'Etat.

— Si cette loi est bien faite, fis-je en méditant, elle produira deux résultats immenses.

— Lesquels ? dit l'avocat.

— Elle facilitera d'abord aux déportés les moyens de se régénérer en se créant dans la colonie une position assurée et peut-être brillante. Le second résultat découlera forcément du premier : ce sera la fondation par la France d'une colonie riche et prospère.

— Plaise à Dieu qu'il en soit ainsi, dit mon interlocuteur.

Nous nous séparâmes sur cette espérance.

Le lendemain, fortifié par les conseils de la nuit, je fis le serment, une fois en Nouvelle-Calédonie, de faire ce qu'on appelle vulgairement *peau neuve*. J'écrivis aussitôt à mademoiselle Louise.

VIII. — JACQUES A LOUISE

« Mademoiselle,

» Vous savez tout : ma condamnation et ses causes. Ce malheur ne me serait pas arrivé si je vous avais écoutée! Mais, il est inutile, n'est-ce pas, de s'apesantir sur le passé? Tournons donc nos regards vers l'avenir et tâchons de nous le rendre favorable.

» Un jour, vous en souvient-il? une fièvre ardente semblait vouloir dévorer ma vie. Vous m'avez apparue, et grâce à vos soins, je respire encore pour vous bénir. Mais, ce n'est pas tout. Cette existence que vous m'avez conservée, je voudrais vous la consacrer tout entière. Il y a longtemps que vous connaissez mes sentiments pour vous. Sans tous ces événements maudits, il est probable qu'un lien indissoluble nous aurait déjà réunis sous un même toit. Vos dispositions auraient-elles changé parce que je suis malheureux? Je croirais vous faire injure de le penser.

Vous m'avez souvent dit que vous admiriez ces Anglaises à l'esprit aventureux qui, au lieu de se condamner au dénuement dans leur patrie, allaient tenter la fortune sur la terre étrangère. Le moment est venu pour vous de les imiter. Jeune, intelligente, laborieuse, ordonnée, vaillante, parisienne en un mot jusqu'au bout des ongles, vous ne pouvez que forcer le succès dans un pays neuf, où tout est à créer. Pour moi, je le sens, la Nouvelle-Calédonie sans vous ne serait que l'exil, avec vous ce sera le salut. Oserai-je y compter? Je partirai sous peu de jours. Puissé-je, en posant mon pied sur la presqu'île Ducos, entendre chaque vague me jeter dans son mystérieux murmure, ce mot magique : espère ! »

. . . .

IX. — LA GUERRIÈRE

Sur les 20,604 individus arrêtés pour avoir pris part à l'insurrection de Paris, 13,206 ont été mis en liberté par une ordonnance de non lieu, les autres ont été traduits en justice, et, parmi ces derniers, 6,696 ont comparu devant un conseil de guerre. Au 1er janvier 1874, le nombre des condamnés à la déportation arrivés dans la colonie s'élevait, y compris les femmes, à 770 pour l'enceinte fortifiée, et à 2,574 déportés simples.

Sept navires de l'Etat en ont effectué le transport, du 3 mai 1872 au 10 août 1873. La traversée la plus courte a été celle de la *Garonne*, dont la durée n'a pas dépassé 88 jours; la plus longue, celle de la *Danaé*, qui a mis 149 jours à accomplir son voyage.

L'administration de la marine avait pris

toutes les précautions commandées par l'humanité et la prudence; si bien que sur 3,337 déportés on n'a eu à déplorer que la perte de seize personnes : quatorze décédés et deux évadés.

Je quittai Cherbourg sur *la Guerrière*, le 13 juin 1872. Nous étions à bord 142 condamnés. Avec quelle curiosité avide je voyais se dérouler ce grand spectacle de l'immensité! L'admiration qui se peignait dans mes yeux m'attira la sympathie d'un vieux gabier. Toutes les fois qu'il m'était permis de monter sur le pont pour respirer l'air pur de la mer, ce brave matelot s'approchait de moi et nous échangions quelques paroles.

— Ah! s'écriait-il, quelle bonne coquille de noix c'est que *la Guerrière!* Il y a longtemps que j'y accroche mon hamac et j'en ai vu de dures à travers ses sabords. Pas plus tard qu'en 1867, le 30 août, au moment où nous sortions du détroit de Van Diemen, qui sépare l'Australie de la Tasmanie, nous fûmes assaillis par un typhon. O mes enfants, quel branle-bas! On eut dit que cent mille tonnerres se disputaient là haut avec les vents et que les nuages voulaient nous anéantir sous une pluie diluvienne. La mer était si grosse qu'elle envahît bientôt la machine et éteignît les fourneaux. Nous passâmes deux jours et deux nuits aux pompes, avec de l'eau jusqu'à la ceinture. Enfin, Dieu eut pitié de nous, et, le 1er septembre, nous pûmes nous diriger vers la Cochinchine, où nous dûmes faire une grande relâche pour réparer nos avaries. Mais elles étaient si considérables que depuis lors cette brave guerrière, découronnée de son titre de frégate de combat, est tombée au rang de vulgaire bateau-transport.

En disant ces mots, la voix du vieux marin, trahit, par son altération, un sentiment d'orgueil humilié.

X. — LE PÈRE MARISTE

Il y avait à bord trois pères maristes qui se rendaient en Nouvelle-Calédonie. L'un deux, le père Jean, faisait depuis longtemps partie des missions de l'extrême Orient. Il avait habité la colonie pendant douze années consécutives. Esprit observateur et réfléchi, il contait en répandant un vif intérêt sur ses récits. Avec beaucoup d'habileté, sans en avoir l'air, il cherchait à s'insinuer parmi les déportés pour y faire des prosélytes. Mais le succès ne répondait pas à son zèle. Il l'avouait de bonne grâce et déclarait en riant qu'il avait eu moins de peine à catéchiser les sauvages. Beaucoup de déportés lui avaient tourné impoliment le dos sans vouloir même l'écouter, Jardel, entre autres, qui posait pour le condamné politique, un type que je décrirai plus tard. — Fantet le reçut encore plus mal. Désespéré de ne pouvoir satisfaire son goût pour la boisson, il lui répondit, en montrant la mer, qu'il avait un reproche sérieux à adresser au bon Dieu : c'était d'avoir fait tant d'eau et si peu de vin ! Mais nous n'étions pas tous animés du même esprit et un assez grand nombre d'entre nous prenaient plaisir aux discours du Mariste. Sa propagande religieuse etait d'ailleurs si discrète que chacun pouvait à son gré en prendre ou en laisser, comme on dit, sans dévoiler le fond de sa pensée. Le père Jean se donnait un véritable soin de nous instruire sur la colonie que nous allions habiter.

XI. — LA NOUVELLE-CALÉDONIE

Nous autres, Français, disait-il, nous sommes, en géographie, d'une ignorance qui n'a pas de nom. Interrogez dix personnes de la classe soi-disant éclairée, vous en trouverez à peine cinq qui connaissent, avec précision, la situation de la Nouvelle-Calédonie sur le globe. Quant à la classe illettrée, son ignorance dépasse toute imagination. Pour vous en donner une idée, je vous citerai le mot d'un matelot qui, en me parlant de ses voyages, affirmait que la rade de Rio-Janeiro était la plus belle de *l'Europe !* Le malheureux avait vécu trois mois en Amérique sans le savoir !

Cinquième partie du monde, l'Océanie est composée d'un nombre infini d'îles disséminées dans le grand Océan pacifique, dont les flots, s'étendant entre les deux pôles, baignent l'Amérique à l'Est et l'Asie à l'Ouest. On la divise en quatre groupes principaux : la Micronésie au Nord, la Polynésie au Sud et à l'Est, la Malaisie à l'Ouest et la Mélanaisie au Sud-Ouest. C'est dans ce dernier groupe, à 250 lieues à l'Est de l'Australie, que la Nouvelle-Calédonie est située. Sa forme allongée représente la figure d'un vaisseau à l'ancre tournant sa proue au Nord-Ouest. Elle mesure environ 80 lieues de longueur, sur 12 de largeur.

Indépendamment des nombreux îlots qui 'entourent, elle comprend dans ses eaux cinq grandes îles : Au Sud-Est, l'île des Pins; au Nord-Est, les trois îles Loyalty, savoir : Uvea, Lifou et Maré, enfin, au Sud, l'île Nou. Cette dernière, placée en face de Noumea, siége du gouvernement établi sur la Grande-Terre, dont elle n'est séparée que par un canal, forme avec la presqu'île Ducos une belle rade, où les navires trouvent un mouillage profond et sûr.

Notre colonie naissante a été découverte par Cook, en 1774. Ce ne fut qu'en 1843 que des Européens eurent le courage de s'établir sur cette terre inhospitalière, habitée — ils ne l'ignoraient point — par des

Cannibales. Mgr Douarre, évèque d'Amata et les RR. PP. Tiard et Rougeyron, religieux de notre Ordre, eurent les premiers l'honneur de fonder le noyau d'une mission, qui dix ans plus tard, le 24 septembre 1853, facilita au contre-amiral Febvrier-Despointes l'exécution de l'ordre qu'il avait reçu de s'emparer de l'île au nom de la France.

Le climat de la Nouvelle-Calédonie est très sain, la terre d'une fertilité remarquable. Parmi les productions naturelles du sol figurent, en première ligne, la canne à sucre, le coton, l'igname, le café, le coco. Depuis notre prise de possession, on y cultive avec succès les légumes d'Europe, la vigne et la plupart de nos arbres à fruits.

L'absence de bêtes fauves assure une entière sécurité dans les campagnes. Peu après la conquête, et notamment dans la période de 1857 à 1862, les indigènes se sont montrés hostiles et ont assassiné plusieurs colons. Mais, des châtiments exemplaires les ont réduits pour toujours à l'impuissance de nous nuire.

Je me borne à vous donner ces notions

générales sur un pays que vous allez habiter — un peu malgré vous — ajouta-t-il avec un malin sourire. Chacun pourra plus tard acquérir pendant son séjour les connaissances qui présenteront à son esprit un intérêt particulier. Cette terre est tellement féconde en ressources de toute sorte que votre bonheur y dépendra presque absolument de vous. Oui, j'espère, je suis certain que beaucoup de ceux qui m'écoutent béniront peut-être un jour la transportation à laquelle vous êtes tous soumis.

— Oh ! Pardon, dit l'avocat, ne confondons pas la *déportation* avec la *transportation*.

XII. — DÉPORTÉS ET TRANSPORTÉS

— J'entends souvent, continua l'avocat, faire la même confusion. Ce n'est pas ici le moment d'exposer dans ses détails l'institution de la transportation, mais je vais en indiquer en quelques mots les principaux caractères.

La déportation est une peine, tandis que la transportation est, ou le mode d'exécution d'une peine, ou une mesure de sûreté générale.

Ainsi, avant 1854, la peine des travaux forcés était subie en France, dans les bagnes. La loi du 30 mai de la même année a décidé qu'à l'avenir la peine des travaux forcés serait exécutée dans des colonies pénitentiaires d'outre-mer. Il a fallu dès lors *transporter* tous les forçats dans ces colonies.

Ainsi encore, il a été établi que les indi-

2

vidus condamnés à la réclusion dans certaines de nos colonies, subiraient cette peine à la Guyane française. Ces condamnés y ont été *transportés*.

Quant à la mesure de sûreté générale, elle a été appliquée, à la suite de troubles politiques, à des individus dont la présence sur le sol français avait paru au gouvernement de l'époque présenter des dangers pour l'ordre social. La volonté de les éloigner, au moins momentanément, de la mère-patrie, a déterminé leur *transportation* dans une de nos possessions d'outre-mer. Enfin, cette mesure a été appliquée également, et pour les mêmes motifs, à une catégorie de repris de justice.

XIII. — L'ENCEINTE FORTIFIÉE

C'est ainsi que nous devisions quelquefois sur la *Guerrière* pour charmer les longues heures du voyage.

En nous réveillant, le 2 novembre 1872, nous fûmes tous surpris de voir se dresser devant nous les crêtes de la Nouvelle-Calédonie. Nous franchîmes la passe de Dumbea et le panorama de la rade de Nouméa se déroula devant nos yeux. Le Mont-d'Or se profilait sur un ciel rose laiteux, l'aube permettait de distinguer un peu les toits de la ville, à droite, tandis qu'à gauche couraient, au bord d'une mer sombre, les rives dentelées de la presqu'île Ducos.

A peine eût-elle doublé l'île Kuauri, la *Guerrière* hissa le pavillon national et alla mouiller en rade de l'île Nou. Puis un canot se détacha de ses flancs et l'officier qui le montait se rendit à bord du navire de l'Etat, stationnaire, pour recevoir par écrit l'autorisation de communiquer avec la terre. Cette formalité remplie, la frégate releva pour l'anse M'bi. Le débarquement se fit avec les précautions d'usage. Des gendarmes coloniaux et des soldats de l'infanterie de marine nous reçurent dans des chaloupes et nous remirent par escouades entre les mains du corps spécial des surveillants militaires des établissements pénitentiaires aux colonies. Ce corps, vêtu d'un costume bleu foncé, agrémenté de bandes bleu de ciel que rehaussent des baguettes et des ancres brodées en canetilles d'argent, est armé de pistolets-revolvers et de fusils se chargeant par la culasse avec sabre-baïonnette. La garde des transportés et des déportés lui est confiée. Il nous conduisit à nos cantonnements.

XIV. — INSTALLATION A LA PRESQU'ILE DUCOS

Dès qu'il eût appris le vote de la loi du 23 mars 1872, sur la déportation, complétée plus tard par celle du 25 mars 1873, M. de la Richerie, gouverneur de la Nouvelle-Calédonie, se mit aussitôt à l'œuvre pour préparer l'installation de ses nouveaux administrés.

La presqu'île Ducos, longue d'environ sept kilomètres, est formée d'une succession de vallées adossées à une chaîne centrale et séparées par des contreforts d'une élévation parfois de 150 mètres. Elle est unie à la Grande-Terre par un isthme de 300 mètres environ de largeur et d'un accès difficile. Toutefois, la baie qui l'avoisine du côté de Nouméa n'a pas de profondeur d'eau et il existe au milieu de ses fonds marécageux un gué praticable, même aux voitures.

Cette circonstance permit au gouverneur de faire transporter promptement les matériaux nécessaires. S'il avait fallu prendre toujours la voie de terre, les travaux auraient subi une certaine lenteur, car la presqu'île est éloignée de 15 kilomètres de Nouméa.

Ces travaux ont été dirigés par le génie militaire et exécutés par les forçats. Les vallées de Numbo et de Tindu, adossées l'une à l'autre et communiquant par un col assez large avaient été choisies pour y établir notre première résidence. Quand les déportés composant le convoi de la *Danaé* étaient arrivés, les baraquements n'étaient pas encore terminés et nos camarades durent camper, soit dans les tentes embarquées sur les transports mêmes, soit dans des cases construites, suivant l'usage des indigènes, en branchage et en écorce de niaouli. Mais, avant l'apparition de la *Guerrière* les travaux touchaient à leur terme. Nous pûmes nous loger dans des baraques en bois ou en fer et nous coucher dans des lits de fer ou des hamacs garnis de leurs matelas, draps et couverture. Les vêtements, les médicaments, les outils, le matériel indispensable, en un mot, à une réunion d'hommes civilisés, étaient prêts et déposés dans les magasins de l'État. Des marchés passés sur place ou à Sydney (Australie) assuraient l'approvisionnement en vivres. On nous divisa en plusieurs groupes. Chaque groupe eut pour logement une baraque séparée. Je fus assez heureux pour me trouver en compagnie de Jardel, de Fantet et de l'avocat. On nous communiqua les ordres de service et de distribution, ainsi que les consignes. Puis chacun disposa sa manière de vivre suivant ses inspirations.

XV. — ÉMOTION INSÉPARABLE D'UN PREMIER DÉBUT.

Le plaisir de me retrouver avec mes amis se comprendra quand on saura de quel mélange est composé la population de la presqu'île Ducos.

Sur les 3,324 condamnés arrivés en Nouvelle-Calédonie, au 1er janvier dernier, 1,185 avaient subi 3,194 condamnations antérieures, soit, en moyenne, trois condamnations par individu.

La moyenne des repris de justice sur l'effectif de l'enceinte fortifiée était de 46 pour cent. Nous étions en totalité au nombre de 763, et ceux qui n'avaient pas d'antécédents judiciaires ne dépassaient pas le chiffre de 367. Il y en avait 72, dont les antécédents n'étaient pas connus, et 324 qui avaient subi des condamnations.

Le nombre des individus condamnés pour attentats contre les propriétés s'élevait à 205, et celui des condamnés pour attentats contre les personnes à 98. Nous comptions, sur la presqu'île Ducos, 3 anciens forçats et 3 réclusionnaires libérés.

Sans une discipline inflexible, chacun de nous aurait été menacé dans sa sécurité· Le lendemain de notre débarquement, les meneurs tentèrent une manifestation politique. Ils arborèrent des cocardes et plantèrent des loques rouges, en guise de drapeaux sur les baraques. Un avertissement sévère mit promptement fin à ces forfanteries et tout rentra dans l'ordre sans qu'il fut nécessaire de sévir. Jardel avait cru devoir s'entourer le cou d'une cravate écarlate ; il consentit à l'ôter sur mes observations. Quant à Fantet, je ne sais comment il avait pu se procurer du vin ; à midi, il était déjà ivre.

Ce fait me parut d'autant plus extraordinaire que l'État nous fit distribuer la nourriture du soldat aux colonies, sauf la ration de vin, qui ne devait être accordée qu'en échange d'un travail déterminé.

Vers le soir, la vallée de Numbo, que nous habitions, se couvrit de déportés vêtus du costume réglementaire. Indépendamment d'une casquette, du linge et de la chaussure, ce costume se compose d'une vareuse et d'un pantalon, de drap, pour la saison d'hiver, et de toile, pour la saison d'été.

Les déportés et les transportés ont des vêtements de couleurs différentes.

Je n'ai pas besoin de dire que pendant la nuit, du coup de canon de retraite jusqu'au coup de canon de Diane, il nous était interdit de nous éloigner de nos demeures. Mais, pendant le jour, c'est-à-dire, du coup de canon de Diane à celui de retraite, il nous était permis de circuler librement dans la partie ouest de la presqu'île, limitée à l'est par une ligne de poteaux, de la pointe Tindu à la pointe Kuauri, à condition cependant de répondre aux appels.

Toutefois, nous ne pouvions pénétrer dans l'anse M'bi, par laquelle s'opèrent les communications du public avec la presqu'ile, ni dans les bâtiments affectés à un service public, les brigades de gendarmerie et les postes militaires.

Les réunions et clubs, soit sur la voie publique, soit dans les habitations particulières nous furent formellement défendus, et, il aurait été sévèrement puni celui qui aurait eu chez lui, ou sur lui, des armes et des munitions de guerre.

Il n'y a pas de cantine dans l'enceinte fortifiée, mais des marchands autorisés peuvent vendre toute espèce de denrées ou marchandises, excepté des liqueurs spiritueuses, des armes à feu, des armes blanches, de la poudre, des artifices et, certaines matières inflammables spécialement désignées.

Les infractions au règlement, les crimes et les délits de droit commun commis par les déportés sont constatés par la gendarmerie, les commissaires de police, les chefs de poste, les gardes d'artillerie et du génie et les surveillants militaires, investis à cet effet du droit d'exercer la police judiciaire.

Tout déporté peut faire les réclamations qu'il juge à propos, pourvu qu'elles soient individuelles, rédigées par écrit et remises au commandant territorial, qui y donne la suite qu'elles comportent. Si les réclamations sont destinées au ministre de la marine, elles sont remises au gouverneur, qui les transmet dans le plus bref délai.

XVII. — ÉTAT DES LIEUX

S'il est un proverbe dont l'expérience
m'ait démontré la vérité, c'est celui qui
dit : « Comme on fait son lit on se couche. »
Aussi, toutes les fois qu'une situation nouvelle se produit pour moi, j'examine comment je dois préparer l'avenir.

Je fis cet examen en commençant par
constater l'état des lieux dans lesquels
mes fautes m'avaient conduit. La loi, je l'ai
déjà dit, laisse aux déportés une entière
liberté dans l'enceinte fortifiée. Malgré ce
nom, qui réveille l'idée d'une citadelle,
aucune fortification n'a été construite autour de l'enceinte. Du côté de la mer, la
presqu'île est fermée par les obstacles naturels, et, du côté de la terre, par une ligne
de poteaux, le long de laquelle font senti-
nelle, silencieux et graves, des gendarmes
coloniaux, dont les postes sont établis, l'un

au pied de Undu, l'autre devant l'anse
Uatimburu. Un camp où stationnent des
soldats de l'infanterie de marine défend le
passage de l'isthme à la Grande-Terre. En
cas de rébellion, cette troupe se porterait
tout de suite au secours des gendarmes,
en attendant les renforts qu'on demande-
derait à la garnison de Nouméa.

Il est bon de consigner ici que les forces
militaires de la Nouvelle-Calédonie s'élèvent, infanterie de marine, gendarmerie
et artillerie, à 1,200 hommes environ, sans
compter les matelots de la station navale.
Elles sont suffisantes pour contenir une
population cependant assez nombreuse, car
il y a dans la colonie 10,000 condamnés de
toutes catégories, près de 12,000 colons et
40,000 indigènes, y compris les habitants
des îles Loyalty et de l'île des Pins.

En deux jours de promenade, je pus me
rendre compte de l'étendue et de la topo-
graphie du territoire qui nous était réservé. Une belle route permet de circuler
autour de la vallée de Numbo. Elle se pro-
longe, à l'est de la vallée de Tindu, jusqu'au poste de gendarmerie. Un petit che-
min partant du col séparatif des deux val-

lées conduit, à l'ouest, jusqu'au cimetière établi en face de l'îlot Tindu.

Je m'arrêtai un instant auprès des tombes isolées, me disant que peut-être ma dépouille mortelle reposerait aussi sur cette plage lointaine. Assailli bientôt par un sentiment de tristesse, je perçus dans mon souvenir l'image du hameau dans lequel je suis né et que moi aussi je ne reverrai peut-être jamais. Les gras pâturages peuplés de magnifiques bestiaux à l'œil effarouché et rêveur, les haies plantureuses dont la verdure d'émeraude scintille de fleurs multicolores, les grands arbres entrelaçant fraternellement leurs branches au-dessus des chemins gazonnés et retentissant du concert harmonieux des oiseaux se dessinèrent sous des traits si précis que je croyais les voir. A travers les prés, de robustes filles de ferme portaient de grandes cruches à lait de cuivre jaune plus reluisantes que l'or des palais. Sous les grands ormes se détachait un toit de chaume, où mon père était mort, où, près du foyer en deuil, ma mère et ma sœur pleuraient le fils et le frère qu'elles considéraient sans doute comme étant mort aussi pour elles. Seul à seul avec ces pauvres mausolées, je fus pris d'une émotion indicible, et, tombant à genoux, je pleurai et je priai : « Mon Dieu ! m'écriai-je, vous qui planez au-dessus de nos misérables discordes, daignez étendre votre miséricordieuse clémence sur ces malheureux égarés par de funestes passions... »

Après une méditation profonde, je me relevai plus courageux et plus fort. La sève que je sentais circuler dans mes veines me promettait de longs jours, la salu-brité de la colonie me les assurait à la condition d'être tempérant et sobre. En dix-huit mois, il n'est mort, à l'île des Pins et sur la grande île, que 68 déportés. Ce chiffre rend hommage aux qualités sani-taires du climat. L'espoir de recevoir bien-tôt une réponse favorable de Mlle Louise, la perspective de dédommager plus tard ma mère et ma sœur des souffrances que je leur causais, me confirmèrent dans la résolution que j'avais prise au fort du Hommet. Je rentrai à Numbo pour me renseigner exactement sur la situation ci-vile des condamnés de l'enceinte forti-fiée.

XVIII. — LES DÉPORTÉS DEVANT LE CODE CIVIL

— Quelles sont, demandai-je à l'avocat, les déchéances civiles que nous avons encourues par le fait de notre condamnation ?

— Elles sont telles que notre couronne de citoyen nous est arrachée.

— A jamais ?

— Jamais est un mot qu'il faudrait rayer du langage des hommes. Rien n'est impossible, en effet, à toute volonté ferme et persévérante. En obtenant la réhabilitation légale, fruit de la réhabilitation morale, le condamné voit tomber toutes les incapacités dont il est frappé. Sa couronne de citoyen lui est rendue, ses droits restitués, son honneur restauré.

Quant à présent, nous sommes dégradés civiquement, interdits légalement et incapables de transmettre ou de recevoir par donation entre vifs ou par testament.

— En quoi consiste la dégradation civique ?

— 1º Dans la destitution et l'exclusion de toutes fonctions, emplois ou offices publics ;

2º Dans la privation du droit de vote, d'élection, d'éligibilité et, en général, de tous les droits civiques et politiques et du droit de porter aucune décoration :

3º Dans l'incapacité d'être juré expert, d'être employé comme témoin dans des actes et de déposer en justice autrement que pour y donner de simples renseignements ;

4º Dans l'incapacité de faire partie d'aucun conseil de famille et d'être tuteur, curateur, subrogé tuteur ou conseil judiciaire, si ce n'est de ses propres enfants et sur l'avis conforme de la famille ;

5º Enfin, dans la privation du droit de port d'armes, de servir dans les armées françaises, de tenir école ou d'enseigner et d'être employé à titre de professeur, maître ou surveillant.

— Mais, à ce compte, m'écriai-je, nous sommes retranchés de la société.

— Oh ! ce n'est pas tout, continua l'avocat. En vertu de l'interdiction légale qui pèse sur nous, on nous laisse notre patri-

moine, mais on ne nous permet point de
le gérer nous-mêmes. On a pensé que si
cette gestion nous était conservée, elle aurait nui à l'efficacité de la peine. En effet,
ceux d'entre nous qui ont des ressources
pécuniaires auraient pu les employer à ef-
facer par des jouissances de luxe les ri-
gueurs du régime pénal auquel nous
sommes soumis, peut-être même à préparer et à effectuer son évasion.

— Je comprends cela. Mais qui gérera
les biens... de ceux qui en ont ?

— Un tuteur, qui sera nommé dans les
formes tracées par le code civil. Ce tuteur
exercera pour eux le droit de vendre, d'é-
changer, d'emprunter, d'hypothéquer, de
transiger, de plaider, etc., etc. Pendant la
durée de la peine, il ne pourra remettre à
son pupille aucune somme, aucune provision, aucune portion de ses revenus. Mais,
après l'exécution de la peine, il lui remet-
tra ses biens et lui rendra compte de son
administration.

— En un mot, on a voulu nous lier les
mains.

— Ce n'est pas tout encore. Nous ne
pouvons disposer de nos biens, en tout ou

en partie, soit par donation entre vifs, soit par testament, ni recevoir à ce titre, si ce n'est pour cause d'aliments. Tout testament par nous fait antérieurement à notre condamnation contradictoire est nul.

Toutefois, voici un tempérament à la rigueur de la loi :

Le gouvernement peut, en récompense de notre bonne conduite, nous relever de tout ou partie de ces dernières incapacités. Il a la faculté de nous accorder l'exercice, dans la presqu'île Ducos, des droits civils ou de quelques-uns des droits civils dont nous sommes privés par notre état d'interdiction légale. Mais les actes que nous ferons ici ne pourront engager les biens que nous possédions au jour de notre condamnation, ou qui nous sont échus à titre gratuit depuis cette époque.

— De grâce ! demandai-je avec anxiété, quels sont les droits qui nous restent ?

— Nous pouvons reconnaître un enfant naturel.

— Et c'est tout ? fis-je avec désespoir, ne pouvons nous donc nous marier ?

— Ah ! j'avais oublié ce point. Si, nous pouvons, vous pouvez, dit en souriant l'a-

vocat, vous pouvez épouser votre chère
Louise.

— Dieu et la société soient bénis ! L'exercice de ce droit me permettra de reconqué-
rir tous les autres.

Le soir même, je rassemblai mes amis et je leur adressai à peu près ce langage :

— La société a établi des règles que nous avons violées. Elle nous a repoussés de son sein ; c'était son droit. A quoi nous servirait de contester ce droit puisque nous sommes obligés de le subir ?

— Je proteste ! s'écria Jardel.

— Soit. C'est la ressource des impuissants. Il vaudrait mieux, ce me semble, nous efforcer de rentrer dans le giron de la société, afin de profiter des avantages qu'elle offre à chacun de ses membres, qui ne cherche point à la troubler.

— Alors, dit Jardel, qu'elle change la plupart de ses lois.

— Elle n'admettra jamais cette mise en demeure. Que, par la persuasion, on arrive à modifier les lois dans l'intérêt de tous, en obéissant aux inspirations d'une saine justice, c'est sans doute le but auquel doivent tendre ceux qui trouvent que tout n'est pas pour le mieux dans le meilleur des mondes possibles. Mais il est inadmissible que l'ordre établi soit changé par la violence. C'est ce que nous avons voulu faire, nous. Alors, la société nous a mis hors d'état de nuire à l'accomplissement de ses destinées, et j'estime qu'elle a bien fait.

— Cependant, la Commune?... dit Fantet, en s'arrêtant, incapable d'ajouter un mot de plus.

— Laissons la Commune, lui dis-je. Au surplus, ce n'est pas pour discuter sur le passé que je vous ai réunis. Mais pour vous proposer d'améliorer notre avenir. La société pourvoit à notre entretien, nous habille et nous nourrit en nous distribuant de la viande six fois par semaine, régime bien supérieur à celui de la plupart des ouvriers en France, surtout dans les campagnes. Etendant sa sollicitude jusqu'à la conservation de nos existences qui cependant lui ont fait courir les plus graves dan-

gers, elle nous fournit un hôpital pour
nous recevoir si nous tombons malades,
des médecins pour combattre nos maux,
des médicaments pour les guérir, des
sœurs de l'ordre de Saint-Joseph-de-Cluny
pour nous soigner. Soucieuse enfin de notre personne morale, elle a mis une biblio-
thèque et une chapelle à notre disposition.
Il nous est loisible de nous instruire ou de
nous distraire et ceux qui n'ont pas renon-
cé à tout sentiment religieux trouvent des
consolations auprès de trois aumôniers
catholiques ou d'un pasteur protestant.

— Qui, par parenthèses, dit l'avocat, occupent une fameuse sinécure.

— Oui, et c'est une preuve de plus que
la loi nous laisse jouir d'une liberté complète, car vous savez que dans les prisons
on oblige les détenus à entendre la messe.
J'ajoute que le déporté dans une enceinte fortifiée ne pouvant obtenir de passer
de la presqu'île sur la Grande-Terre qu'a-
près un stage de cinq ans, a la faculté de
se livrer en attendant à un travail fruc-
tueux.

— Travailler? dit Jardel avec dédain.
Oublies-tu donc que notre dignité de con-

damné politique nous interdit de nous abaisser au travail?

— Voilà une idée nouvelle! me récriai-je avec vivacité. Quoi! le travail serait une flétrissure! Nous appelons notre cause celle des travailleurs, nous attaquons les oisifs en soutenant qu'ils sont indignes de vivre, nous infligeons un blâme à ceux des privilégiés de la fortune qui n'ont pas acquis leurs biens par leurs efforts personnels, quelques déportés vont jusqu'à soutenir que tout homme a droit au travail, et quand la faculté de travailler nous est offerte, quand nous pouvons par le travail nous rendre plus heureux, plus indépendants, plus fiers et plus dignes, nous repousserions le travail au nom de la dignité du condamné politique! En vérité, c'est le renversement de toute logique!

Profitant de ce que Jardel ne répliquait pas, je poursuivis :

— Nous pouvons obtenir une concession de terre et nous y établir à part, en construisant une case dite *paillotte*. Déjà, plusieurs concessionnaires arrivés sur *la Danaé*, qui ont pris cette détermination, sont prêts à recueillir des légumes et du maïs ;

ils élèvent des porcs, des chèvres, des
volailles, et sont sur le point d'en tirer bon
profit. Je vous propose de les imiter.
L'administration nous fera des avances
d'outils et nous délivrera des semences
Des hommes experimentés, rétribués à
à cet effet par le gouvernement, nous don-
neront des conseils pour les cultures que
nous voudrons entreprendre. Le reste dé-
pend de nous. Pour moi, j'adresse dès de-
main une demande de concession de terre
au gouverneur, et j'ai trop bonne opinion
de vous pour croire que vous ne suivrez
pas mon exemple.

Bien qu'il ne pût réfuter mon raisonne-
ment, Jardel se drapant dans son faux orgueil de condamné politique, s'obstina à
refuser tout travail. Fantet consentit à
travailler dans les ateliers de l'Etat, tout
juste pour obtenir une ration quotidienne
de vin. Mais l'avocat, qui avait pour moi
une sympathie déclarée et que la perspective de devenir jardinier amusait comme
un enfant, me demanda de l'associer à
mon entreprise.

J'y consentis et la concession demandée
conjointement nous fut accordé avec l'em-

pressement que l'administration met toujours à encourager les condamnés désireux de s'amender.

A peine avions nous construit notre paillotte et défriché notre terrain que le transport *le Var* arriva, le 9 février 1873, avec un effectif de 575 condamnés, dont 146 pour l'enceinte fortifiée. Il apporta l'avis que la peine de l'avocat et la mienne avaient été commuées en celle de la déportation simple. Et, comme un bonheur n'arrive jamais seul, on me remit en même temps une reponse de mademoiselle Louise qui me rendit fou de joie.

XX. — LA GRACE

Le droit de grâce est une des prérogatives de la souveraineté.

Sous la République, la souveraineté réside dans la nation, représentée par ses mandataires, les députés à l'Assemblée nationale.

En vertu de son droit souverain, l'Assemblée a délégué le pouvoir de faire grâce au Président de la République.

Elle s'est réservée toutefois celui d'accorder, par une loi, une amnistie et la grâce aux ministres et autres fonctionnaires ou dignitaires, dont la mise en accusation a été ordonnée par elle-même.

En ce qui concerne les grâces sollicitées par les personnes déclarées coupables de faits se rattachant à la dernière insurrection, à Paris et dans les départements, depuis le 15 mars 1871, il faut distinguer :

Le fait est-il qualifié *délit* ?

Si c'est un conseil de guerre qui a prononcé la condamnation, la grâce est accordée par le Président de la République, sur la proposition du ministre de la guerre, accompagnée de l'avis du ministre de la justice.

Si la condamnation a été prononcée par un tribunal ordinaire, c'est-à-dire de droit commun, la grâce est également accordée par le Président de la République, mais c'est le ministre de la justice seul qui a compétence pour la proposer.

Le fait est-il qualifié *crime* ?

La loi du 17 juin 1871 a partagé les pouvoirs. Après une instruction faite au ministère de la justice, les recours en grâce sont soumis, avec les pièces de la procédure et un rapport du garde des sceaux, à une *commission* dite *des grâces*, composée de quinze députés, nommés par l'Assemblée nationale en réunion publique et au scrutin secret. Cette commission examine l'affaire et consigne son avis dans le dossier, qui est soumis ensuite au Président de la République. Si l'avis de la commission conclut à une réduction ou commutation de peine et qu'il soit approuvé par le

Président de la République, la grâce a son effet. En cas de dissentiment entre la commission des grâces et le Président de la République, la condamnation est exécutée.

Ainsi, chacun des deux pouvoirs est tout puissant pour repousser un recours en grâce, tandis que, pour l'accueillir, les deux pouvoirs sont obligés de s'unir dans un commun accord favorable au condamné.

Ni l'avocat, ni moi, n'avions formé de recours en grâce, mais son père et ma mère avaient intercédé en notre faveur et obtenu la commutation de peine qui nous faisait passer de la première dans la seconde catégorie de déportés.

J'acceptai, pour ma part, avec reconnaissance, une mesure favorable à mes projets, mais l'avocat crut devoir la refuser.

Malgré ses bons sentiments, ce jeune homme était imbu d'un esprit démagogique, qui lui faisait craindre, en s'inclinant devant un acte du pouvoir, de ternir sa réputation de *pur* auprès de ses amis politiques.

On lui communiqua l'instruction suivante émanée du ministère de la justice : « La peine est commandée par l'intérêt pu-

blic qui la légitime. Dès lors, quand le
chef de l'Etat ou une assemblée souve-
raine, s'inspirant de l'intérêt public, use
des nobles prerogatives qui lui sont con-
férées et accorde, soit une remise, soit
une commutation, le condamné est tenu
d'accepter cette remise ou cette commutation, et, de même qu'il a dû subir la
peine, de même il doit s'incliner devant
la grâce.

» Il ne lui appartient pas, sous l'influen-
ce d'un sentiment personnel, peu avoua-
ble, le plus souvent, de paralyser l'exercice d'un droit, qui importe, non-seule-
ment à la société, mais même à la dignité et au respect de la justice, puisque cet
exercice peut réparer les erreurs et at-
ténuer l'excès des sévérités. »

Après avoir pris lecture de ce document,
mon jeune ami répondit qu'il ne pouvait
ésister à la force, mais qu'il *subirait* sa
râce comme étant contraint et forcé.

En l'entendant débiter cette protestation
ur un ton un peu déclamatoire, je ne pus
m'empêcher de sourire, car il était visible
qu'au fond la violence dont il se disait vic-
ime lui paraissait empreinte d'une certai-

ne douceur, et peut-être n'était-il pas fâ-
ché de bénéficier à la fois et de l'indulgence du pouvoir et de son attitude indépen-
dante aux yeux des irréconciliables.

Parmi ceux-ci, j'étais sincèrement affligé
de voir figurer Jardel, esprit faux, s'il en
fût, mais cœur loyal et dévoué. Je lui fis
mes adieux en déplorant la ligne de conduite qu'il croyait devoir suivre. De son
côté, il s'apitoya sur ce qu'il appelait mon
aveuglement.

Je ne comprenais rien, à l'entendre, au
mouvement des esprits en Europe et surtout en France ; l'opinion allait se déclarer
par un élan irrésistible en faveur de l'amnistie et tous les déportés revenir dans la
mère-patrie pour y recueillir le fruit de
leur dévouement à la cause commune.

En prenant congé de Fantet, je ne pus
m'empêcher de lui reprocher sévèrement
ses habitudes d'ivrognerie. Je voulus lui
faire sentir combien un homme se dégrade,
quel objet de mépris et de dégoût il devient pour ses semblables, en s'adonnant
à l'excès des boissons alcooliques. Il m'é-
couta d'un air hébété, me serra la main
sans affection et me quitta pour aller boire.

Nous fûmes transférés de la presqu'île Ducos à l'île des Pins, le 19 février 1873.

A cette époque, la population pénale de l'île s'élevait déjà à 1,561 individus; le 1er janvier 1874, elle était de 2,498 déportés simples, dont 2,485 hommes et 13 femmes.

Appelée *Kunié* par les indigènes, l'île a reçu de nous son nom d'*île des Pins*, parce qu'elle est le centre d'un groupe d'îlots boisés et couverts de pins, dont on a déjà tiré beaucoup de bois pour les établissements de Nouméa. Ses abords, parsemés de récifs, sont d'un accès difficile; séparée de la grande terre par un chenal de 40 kilomètres, elle affecte la forme d'un cercle irrégulier, de 18 kilomètres de longueur, sur 12 à 16 de largeur. Elle se compose d'un plateau central, dominée par le pic N'ga, haut de 266 mètres, et qui s'aperçoit de dix lieues en mer. Le plateau est entouré d'un premier anneau de prairies très fertiles et parfaitement arrosées et d'un second anneau madréporique couvert de forêts.

Après avoir pris possession de la Nouvelle-Calédonie, l'amiral Febvrier-Despointes s'embarquant sur la corvette à vapeur *le Phoque*, s'était rendu de Balade à l'île des Pins, où, quelques semaines avant lui, une corvette anglaise était venue pour y planter le pavillon britannique. Les chefs indigènes, qui avaient refusé d'accepter la domination du Royaume-Uni, s'étaient empressés, grâce à l'intervention de nos missionnaires, de faire leur soumission à la France, sous les yeux même de la corvette anglaise (29 septembre 1853).

Avant l'installation de la déportation simple, l'île des Pins était occupée par une tribu d'indigènes convertis au catholicisme et par un millier de catholiques émigrés de l'île Maré. Tous ces néophytes vivaient sous la direction spirituelle des Pères Maristes. La plupart avaient établi leurs cultures dans la vallée d'Uro, qui s'étend le long de la côte ouest de l'île. Ce point étant le plus favorable au campement des déportés, le gouvernement traita de gré à gré avec les chefs, et, moyennant une indemnité payable en vivres pendant un temps limité, il détermina la population native de l'île à se cantonner dans le nord et dans l'est et fit conduire à Lifou les émigrés de Maré.

Les travaux poussés avec activité permirent bientôt de recevoir les premiers convois de déportés. Comme à la presqu'île Ducos, les bâtiments destinés aux employés et aux agents de la force ou de l'autorité publique avaient été élevés sur le territoire militaire, au sud-ouest du mont N'ga. On avait divisé le territoire réservé à la déportation en cinq communes.

Je parlerai peu du régime matériel de la déportation simple ; il ne diffère pas sensiblement de la déportation dans une enceinte fortifiée. Au lieu d'être journaliers, les appels n'ont lieu que le dimanche. La discipline est peut-être moins sévère, parce que les évasions sont beaucoup plus difficiles à effectuer et que, d'un autre côté, la déportation simple est plutôt considérée comme une sorte d'exil sur une possession française, que comme une peine privative de la liberté. Aussi a-t-on voulu lui donner une espèce d'organisation municipale.

Le personnel de chaque commune est composé par des listes nominatives de condamnés désignés suivant l'ordre des numéros matricules. Chaque commune présente une liste de neuf conseillers élus au suffrage des déportés ; sur cette liste, le gouvernement choisit trois conseillers révocables.

Ces conseillers communaux représentent les intérêts des déportés : 1º pour les distributions des vivres ; 2º pour les distributions de l'habillement ; 3º pour les soins des logements. Ils ne peuvent être mis en rapport avec l'autorité que par l'intermédiaire du chef de brigade des surveillants de leur commune. Chargés de concilier certains différends particuliers, ils exercent une sorte de contrôle sur les actions de leurs camarades.

Malgré son caractère libéral, cette organisation n'a pas donné les bons résultats qu'on était en droit d'en attendre. La plupart des conseillers se sont concertés avec leurs administrés pour tromper le gouvernement. L'un d'eux ayant voulu remplir ses fonctions avec une parfaite intégrité, a failli payer de sa vie son dévouement absolu à son devoir. Quatre misérables ont forcé pendant la nuit la porte de sa case et l'ont assommé à coups de bâton. Mais, grâce à sa robuste constitution, il est revenu à l'existence et a pu dénoncer ses assassins. Traduits devant un conseil de guerre, ceux-ci ont été condamnés à mort et passés par les armes.

L'habillement des déportés simples est le même que celui des déportés dans une enceinte fortifiée. Il n'y a pas de différence dans le logement.

Quant à la nourriture, elle se compose, comme à la presqu'île Ducos, de viande fraîche de bœuf ou de porc, de conserves de bœuf bouilli, de riz, de légumes, de pain frais, et des divers condiments indispensables à une saine alimentation.

Les vivres sont distribués chaque matin. Quelques déportés préparent eux-mêmes leurs aliments, d'autres s'associent entre eux et chacun à son tour fait la cuisine, d'autres encore ont ouvert des cantines, reçoivent les rations de leurs camarades et, moyennant une redevance de 10 centimes par jour, se sont fait restaurateurs d'un nouveau genre. C'est l'industrie la plus prospère de l'île.

Je dois ici ouvrir une parenthèse pour y intercaler une question, bien peu importante en apparence, mais qui a pris de telles proportions sur les lieux de déportation, qu'elle intéresse à la fois et l'avenir de la plupart des condamnés et la prospérité de la colonie ; je veux parler de la question du vin !

XXII. — LES DÉPORTÉS ET L'IVROGNERIE

Un naturaliste a dit : « Le vin, pris avec modération, est très bon pour l'estomac ; mais lorsqu'on en boit avec excès, il produit des vapeurs qui troublent la raison et rabaissent l'homme au niveau de la brute. »

Pour parler plus exactement, il aurait fallu dire : « Au-dessous de la brute, » car la brute reste telle que la nature l'a créée, tandis que l'homme qui se plonge dans l'ivresse s'inflige une déchéance volontaire.

Tels sont un grand nombre de déportés.

L'ivrognerie est le premier vice que le gouvernement ait eu à combattre sur les lieux de déportation.

Il est peut-être juste de rappeler ici, comme circonstance atténuante, que, pendant le siége de Paris par les armées allemandes, la population, privée de nourriture, dut contracter, par la force des choses, l'habitude de faire un usage immodéré du vin. En cinq mois, elle but la provision de plus d'une année.

Sous la Commune, l'oisiveté et la licence developpèrent encore le goût déjà très prononcé des insurgés pour les boissons alcooliques.

Il semble qu'à la Nouvelle-Calédonie ce goût soit devenu d'autant plus impérieux que les déportés rencontrent plus de difficultés à le satisfaire.

Le plus grand nombre, invoquant leur qualité de condamnés politiques, pour refuser tout travail, prétendent que ceux de leurs camarades qui acceptent le travail n'ont d'autre mobile qu'un honteux penchant pour la boisson.

Le général Reboul a dû consigner, dans un rapport du mois de décembre 1873, l'observation suivante : « 203 déportés simples ont obtenu l'autorisation de résider à Nouméa, 13 ont été renvoyés à l'île des Pins pour inconduite ; à quelques exceptions près, ils sont manœuvres et gagnent 10, 12 et 15 francs par jour. *Cet argent ne leur sert guère qu'à s'enivrer*; beaucoup d'entre eux, malgré leur gain, n'ont même pas changé les vêtements qu'ils ont reçus de l'administration ; leur mauvais esprit ne se modifie pas : le soir, ils insultent les femmes et les officiers isolés qu'ils rencontrent. »

Déjà, dans un rapport du mois de mai précédent, le contre-amiral Roussin avait pu dire : « La plupart des déportés ne travaillent que pour pouvoir s'enivrer et ne font aucune épargne. »

Quelques jours après mon transfèrement, je vis réintégrer dans l'île des Pins, pour cause d'ivrognerie, une partie des déportés occupés aux mines du Nord.

En présence de ces dispositions, l'administration dut prendre certaines mesures.

Un arrêté du gouverneur, en date du 19 août 1872, autorisa les marchands établis dans l'enceinte fortifiée à détenir des liqueurs spiritueuses ou fermentées, mais il leur interdit d'en vendre aux condamnés.

Cet arrêté fut soumis à l'appréciation du garde des sceaux. En attendant, le ministère de la marine, dans une instruction du 17 janvier 1873, exprima la pensée qu'il ne suffisait pas de défendre aux marchands de vendre certaines denrées aux condamnés ; qu'il fallait les mettre dans l'impossibilité de le faire en leur interdisant d'une manière absolue l'introduction et la vente à qui que ce fût des produits dont l'usage par les déportés était reconnu dangereux.

Le ministre de la justice entra dans les vues de son collègue de la marine, et il fut prescrit au gouvernéur de modifier son arrêté dans ce sens que les débitants et hôteliers ne pourraient vendre de l'absinthe, du cognac, du gin et autres spiritueux, mais que la vente des boissons fermentées serait autorisée dans les conditions déterminées par le règlement des patentes. Or, le vin est une liqueur fermentée. On pensa que si l'abus du vin devait être combattu, il était utile d'en permettre l'usage, et comme boisson fortifiante et comme moyen d'émulation.

On n'a pas oublié qu'il est délivré une ration de vin journalière aux déportés qui travaillent pour l'Etat. Par bienveillance, et pour encourager ceux qui s'en rendent dignes, cette ration est également accordée aux déportés qui travaillent réellement chez eux et pour leur propre compte.

Quant à ceux qui ne travaillent pas, ils

peuvent acheter du vin, mais cette faculté n'existe, en fait, qu'en faveur de quelques déportés simples, car les déportés dans une enceinte fortifiée ne disposent d'aucunes ressources.

Aussi, chose singulière ! depuis que la loi relative à la répression de l'ivresse a été promulguée à la Nouvelle-Calédonie, de juillet 1873 à janvier 1874, il n'y a eu que 69 condamnations prononcées pour ivresse manifeste, et elles n'ont été encourues que par des déportés simples. On se tromperait étrangement si on en concluait que le niveau de la moralité est plus élevé à la presqu'île Ducos qu'à l'île des Pins.

On se demandera peut-être comment, en présence de ces obstacles, Fantet peut faire de si fréquentes excursions dans les vignes du Seigneur ? Son esprit, très délié quand il s'agit de satisfaire son vice, lui inspire plusieurs moyens. Il parvient souvent à obtenir de la connivence des chefs d'équipe plusieurs bons de vin le même jour, et à se procurer ainsi autant de rations, qu'il absorbe en une seule fois. Il achète, en outre, par des services rendus, les rations de quelques camarades plus so-

bres que lui. Je ferai d'ailleurs remarquer
que Fantet est un dilettante de la bouteille :
il ne se plonge jamais dans une complète
ivresse ; mais, si j'osais employer la pittoresque expression de l'argot parisien, il a
fréquemment *son plumet*.

Les habitudes déplorables que je viens
de signaler ne sont pas, grâces à Dieu, communes à tous les déportés, et il serait in-
juste de faire rejaillir sur la totalité la
honte du vice d'une minorité malheureusement trop imposante.

Que ces derniers y prennent garde : l'i-
vresse engendre des maladies, pousse au
crime et conduit à la folie. Elle s'op-
pose aux entreprises qui réclament l'esprit de suite, une volonté persistante. Le
dégoût qu'elle inspire met obstacle aux
associations fructueuses. Des travaux
commencés en commun, des affaires mon-
tées par des sociétés civiles sont exposés
à péricliter si le vice d'un intéressé diri-
geant lui fait perdre périodiquement la
plénitude de ses facultés intellectuelles.
C'est à ce titre que l'avenir de la colonie
et celui des déportés peuvent être compro-
mis par l'expansion de l'ivresse.

XXIII. — JALOUSIE

Voulant poursuivre l'œuvre de ma déli-vrance par les moyens légaux, j'examinai dans quelle voie je devais me diriger, et, à cet effet, j'interrogeai notamment les per-sonnes libres qui venaient à l'île des Pins pour les opérations de leur commerce. Je ne tardai pas à nouer des relations d'ur-banité avec un maquignon nommé Geor-ges, qui faisait un assez grand négoce de bestiaux. Ses affaires l'obligeaient à voya-ger dans toute la Nouvelle-Calédonie et le mettaient en rapport avec une foule de per-sonnes. Aussi connaissait-il tout ce qui se passait depuis le cap Arama jusqu'à la pointe de Prony.

Le 19 mars 1873, je le vis venir à moi, l'air tout radieux.

— Qu'y a-t-il? dis-je. Votre figure respire le bonheur,

— Oh ! de grandes nouvelles. Vous ne me trahirez pas si je vous fais mes confidences ? Eh bien ! je suis amoureux.

A ces mots, je partis d'un éclat de rire. Maître Georges était si laid qu'il semblait que l'amour et lui dussent rugir de se rencontrer ensemble.

— Riez tant que vous voudrez, reprit-il, mais c'est comme cela. Figurez-vous qu'il est arrivé, la semaine dernière, à Nouméa, la plus charmante créature de Paris. De taille moyenne, svelte et bien faite, blonde avec des yeux noirs, des mains de marquise, des pieds de duchesse, cette jeune personne a de la distinction comme une grande dame, de l'esprit comme un journaliste, du cœur comme une grisette, du bon sens comme un notaire et de l'enjouement comme un écolier.

— N'a-t-elle pas, de plus, fis-je avec une émotion mal contenue, entre la lèvre inférieure et le menton, du côté gauche, un signe de beauté semblable à une petite pastille de chocolat ?

— Ah ça ! vous la connaissez donc ? s'écria Georges en bondissant comme s'il avait marché sur la queue d'un aspic.

— Continuez, continuez! dis-je sur un ton qui n'admettait pas les interrogations.

— La jeune Parisienne est descendue à l'hôtel de France, sur la place Solférino. Vous savez que j'y demeure pendant mes séjours à Nouméa. Le hasard nous a placés à table, à côté l'un de l'autre. Nous avons causé longtemps. Elle m'a demandé de nombreux renseignements sur le commerce de l'île. En intercalant entre mes phrases des réflexions tantôt sérieuses, tantôt plaisantes, mais toujours justes, elle m'a si bien inspiré que j'ai discouru avec esprit.

— Bah!

— Si bien, qu'à peine rentré dans ma chambre, je me suis dit, parlant à ma personne : mon bon! voilà la femme qu'il te faut. Le lendemain...

— Vous vous êtes précipité à ses genoux?

— Permettez. Le lendemain, je me promettais de lui débiter une déclaration que j'avais improvisée pendant la nuit entière, quand, ô déception! j'apprends qu'elle a consenti à recevoir la visite d'Islington.

— Quel est ce chrétien?

— Et de plus, que dans l'antichambre attendent pour la visiter chacun à son tour le principal médecin de la ville et un lieutenant de vaisseau.

— Cette dame a donc bien des connaissances.

— Ce sont des connaissances qui n'en sont pas, mais qui veulent le devenir.

— Expliquez-vous.

— En Nouvelle-Calédonie, il y a pénurie de femmes et il est presque impossible de se marier. Nous avons bien les Canaques, mais pour nous autres, Européens, la femme Canaque a tout au plus l'attrait de la Vénus Hottentote. Le reste se compose de forçates destinées à faire souche avec des transportés libérés, ou de pauvres filles que nous adressent les établissements de bienfaisance de France et dont la dot se compose, en général, d'un goître ou d'un régime d'écrouelles. Si une femme saine nous descend du ciel, on peut en être certain, neuf fois sur dix, c'est une aventurière, qu'on n'épouse pas. Or, la personne dont je vous parle est le type de la décence. Son attitude inspire le respect. Enfin, elle est porteuse d'une lettre par laquelle M. le ministre de la marine la recommande à la sollicitude du gouverneur d'une façon toute particulière.

— Après ?

— Islington, le médecin et le lieutenant de vaisseau l'ont demandée en mariage.

— Lequel a-t-elle choisi ?

— Aucun.

— Elle les a donc repoussés ?

— Non pas ! La jeune Parisienne est honnête, mais elle est aussi politique et très ambitieuse. Elle pèsera ses prétendants et celui qui lui assurera la position la plus en vue fera pencher la balance de son côté.

— Dans ces conditions, lequel réunit le plus de chances de succès ?

— Hum ! Le lieutenant de vaisseau peut devenir amiral ; c'est quelque chose. Le médecin gagne beaucoup d'argent, mais il ne fait pas assez durer ses malades ; il les tue trop vite pour s'enrichir énormément. Quant à Islington, il peut espérer.

— Je vous ai déjà demandé qui était Islington.

— C'est un Australien, fils de convict, qui gagne de l'or à remuer à la pelle, en faisant tous les métier et qui, si on ne met des bâtons dans les roues du char de sa for-

tune, possédera bientôt, à lui seul, la Nouvelle-Calédonie tout entière. Islington occupe des centaines d'ouvriers dans le Diahot
pour arracher au fleuve les paillettes d'or
qu'il roule dans ses eaux. Il exploite, au
Nord, des mines de charbon et de cuivre.
Ses bestiaux paissent l'herbe sur les terri-
toires de plusieurs tribus. Ayant su se faire
l'ami de tous les chefs Canaques, il a, de
cette façon, absorbé tout le commerce intérieur et peut, s'il le veut, se faire nommer roi suzerain des indigènes. C'est lui
qui habille et nourrit la troupe, les déportés, les transportés ; il fait la banque, la
commission, et tout ce qui concerne l'état
du plus audacieux des spéculateurs. Vous
voyez maintenant s'il a des chances. Pour
moi, dès que j'ai vu qu'il se présentait, j'ai
compris que je devais laisser tout espoir
sur le seuil du temple de mon idole, et je
me suis résigné, non sans amertume, à lui
vouer un culte exclusivement platonique.
Le sentiment désintéressé qu'elle m'inspire
me rendrait encore bien heureux, si je ne
me sentais mordu au cœur par le serpent
de la jalousie.

Je n'écoutais déjà plus Georges, car, depuis un instant, son récit avait enfoncé, dans mon cœur à moi, mille aiguilles envenimées. Au portrait qu'il m'avait fait de la jeune fille, j'avais reconnu Mlle Louise. Je n'étais pas surpris des passions qu'elle avait spontanément excitées dès son arrivée dans une colonie veuve de femmes. moi qui la trouvais adorable entre toutes les personnes de son sexe. Malgré la haute opinion que j'avais conçue de son caractère, je la croyais aussi un peu ambitieuse et peut-être capable de m'oublier pour acquérir une haute position. D'ailleurs, elle ne s'était pas engagée définitivement envers moi. Son extrême propreté et son amour de l'élégance ne semblaient pas devoir se concilier avec une position médiocre. Enfin, les sollicitations dont elle était assaillie ne devaient-elles pas flatter une fille sans fortune, que la nature avait comblée de tous ses dons et à qui la société semblait maintenant offrir ses faveurs.

Je quittai Georges, l'esprit dominé par ces accablantes pensées, et ressentant des souffrances physiques aussi cruelles que si j'avais reçu un coup de poignard en pleine poitrine.

Le jour suivant, une lettre de Mlle Louise me confirma son arrivée à Nouméa. Elle était conçue en termes si vagues qu'elle augmenta mes perplexités au lieu de les détruire. Tout en me félicitant de la commutation de peine que je venais d'obtenir, celle que j'aimais me donnait à entendre que pour me rendre complétement digne d'elle il fallait mériter une grâce entière et rentrer dans les rangs de la société. Ces conditions, imposées sur un ton froid, me firent appréhender plus que jamais un changement dans ses sentiments pour moi. Aussi, la pensée que je pourrais peut-être bientôt la revoir ne me causa-t-elle point la joie que j'aurais eprouvée en toute autre circonstance.

Je suis facile à décourager, — mais pas à vaincre. Quelques mûres réflexions rendirent le calme à mon esprit. — Encore une nouvelle lutte à soutenir, me dis-je ; au surplus, le bonheur de posséder Mlle Louise ne peut s'acheter sans combat; luttons donc. et souvenons-nous de la fière devise de je ne sais quel chevalier : « Qui veult, peult. »

Mais, que faire ? Il ne pouvait me suffire de cultiver quelques légumes dans un jardinet : il fallait se livrer à un travail sérieusement rémunérateur. Le déporté simple a cette faculté. Je ne saurais trop le répéter : c'est un exilé dans un lieu d'où il ne peut sortir, mais il jouit, dans ce lieu, de la liberté de ses mouvements et de ses droits civils ; il peut acheter, vendre, acquérir une propriété, la transmettre par succession à sa famille. Mon premier soin fut d'étudier les progrès de la déportation au point de vue de la colonisation.

Un millier de déportés avaient demandé et obtenu, individuellement ou collectivement, 432 hectares de terrain, sur lequel ils avaient construit 620 paillottes.

Mais la plus grande partie — 691 ! — n'avaient pas suffisamment travaillé. Soixante-dix seulement avaient recueilli de bons résultats, grâce à leur travail assidu ; deux cent vingt poursuivaient de front la culture de leur terrain et l'exercice de leur métier de perruquiers, cordonniers, tailleurs d'habits, etc., etc.

Tous ces concessionnaires ont reçu l'ordre de relier les concessions par des chemins, car les terrains qu'ils occupent se trouvent sur le bord de la route, à proximité du centre des communes, d'autres sont à la lisière du bois qui s'étend le long du rivage, d'autres dans l'intérieur du bois, mais à plus de 300 mètres de la mer.

Quinze déportés, choisis dans les cinq communes, ont commencé, sous la conduite d'un surveillant, les travaux d'installation d'une ferme. Le terrain se trouve en face de l'hôpital, à 100 mètres environ de la route qui mène d'Uro à Gadji. Il est arrosé par un ruisseau descendant du pic N'ga. Il était couvert antérieurement de cultures canaques, jardins, champs de taros, de patates ; 40 ares étaient déjà défrichés, 15 ensemencés de maïs.

XXV. — LE TRAVAIL A L'ILE DES PINS

On vient de le voir, le nombre des déportés qui travaillent est malheureusement très restreint. — Quelles sont les causes de la répugnance que ces hommes éprouvent à subir la loi salutaire du travail? On peut en signaler trois :

L'ignorance où ils sont de la situation politique de la France leur fait espérer une délivrance prochaine! A quoi bon dès lors fonder des établissements qu'on abandonnera bientôt avant d'en recueillir les fruits?

Il faut laisser au temps le soin de détruire cette erreur.

Secondement, il y a peu de déportés qui puissent exercer leurs professions dans la colonie. Songez que sur 2,498 condamnés foulant le sol de l'île des Pins, il n'y a que 87 ouvriers pour les travaux de la terre! Les autres étaient adonnés, en

France, à des professions diverses, dont la plupart ne trouveraient pas encore d'aliments en Nouvelle-Calédonie,

Enfin, leur paresse, vice naturel à tous les hommes, leur a suggéré la pensée de se prévaloir de la loi du 8 juin 1850 pour prétendre qu'à raison de leur qualité de condamnés politiques, l'Etat est tenu de les nourrir et de pourvoir à leurs besoins, très bornés d'ailleurs, par suite de la douceur du climat.

L'administration, toujours rigide observatrice des prescriptions légales, s'est longtemps heurtée contre cet argument.

L'article 6 de la loi précitée porte : « Le gouvernement déterminera les moyens de travail qui seront donnés aux condamnés, *s'ils le demandent;*

» Il pourvoira à l'entretien des déportés *qui ne subviendraient pas à cette dépense par leurs propres ressources.* »

En présence de ce texte, qui semble justifier les prétentions des déportés, on a dû se demander si le législateur avait eu réellement l'intention d'offrir une prime à la paresse?

Prise des plus honorables scrupules,

l'administration n'a tranché la question dans le sens contraire qu'après un long et attentif examen. Elle a dit : Les hommes sont voués au travail, sous peine de mourir de faim. Cette loi, que la nature impose aux meilleurs, les coupables auraient-ils le droit de s'en affranchir ? Quoi ! ce seraient ceux qui, après avoir mis la société à deux doigts de sa perte, pourraient exiger d'elle qu'elle s'épuisât pour les faire vivre dans l'oisiveté ? Quand la loi déclare que l'Etat pourvoira à l'entretien des condamnés sans ressources, elle entend réserver sa sollicitude pour ceux-là seuls qui ne pourront absolument tirer des ressources de leur travail ; et comment en serait-il autrement, alors qu'en vertu de l'interdiction légale dont ils sont frappés, les déportés ne peuvent jouir des biens qu'ils possédaient antérieurement à leur condamnation ? Enfin, en disant que le gouvernement déterminera les moyens de travail qui seront donnés aux condamnés, *s'ils le demandent*, la loi veut dire qu'il règlera le travail de ceux qui, ne sachant pas se créer un travail par leur propre initiative, demanderont à être employés par l'Etat.

Au surplus, un décret du 31 mai 1872, fait en exécution de la loi du 23 mars précédent, dispose que l'Etat doit pourvoir à l'entretien des condamnés qui ne peuvent subvenir à cette dépense, soit par les ressources laissées à leur disposition, soit par le produit de leur travail.

Il a été décidé, en conséquence, que si l'Etat ne pouvait assujettir les déportés à un *travail pénal* dont il appartiendrait à l'administration de réglementer les produits, comme dans les prisons, il prendrait cependant des mesures pour les réduire à un travail obligatoire dont il leur abandonnerait les fruits, et qu'il n'aurait seulement qu'à pourvoir à l'entretien des malades et des vieillards.

Cette décision, dès qu'elle aura reçu la sanction de la pratique pendant un certain temps, produira d'excellents résultats dont les déportés bénéficieront autant que la colonie.

XXVI. — FAMILLES DES CONDAMNÉS

Les lois de 1872 et 1873 ont permis aux femmes et aux enfants des condamnés de les rejoindre sur les lieux de déportation.

Avant le départ de la *Danaé*, un certain nombre de femmes, poussées, soit par leur affection conjugale, soit par le désir de se soustraire à la situation misérable qui les étreignait en France avaient demandé à être réunies à leurs maris. Comme il n'existait pas assez de places disponibles à bord des bâtiments de l'Etat pour en effectuer le transport, on fut obligé de recourir à la marine du commerce. Un traité fut passé avec un armateur du Havre et le navire à vapeur le *Fénelon* emporta le premier convoi. Il effectua la traversée en 88 jours, sans perdre un seul de ses 440 passagers adultes. Parmi les enfants, au nombre de 142, on n'eût à constater que 9 décès.

D'autres familles ont été plus tard dirigées gratuitement sur la Nouvelle-Calédonie par les bâtiments de l'Etat.

Toutes avaient reçu l'autorisation de se rendre sans frais par les voies ferrées au port d'embarquement. Chacune des femmes dont l'état d'indigence avait été constaté, avait reçu, avant de quitter le lieu de son domicile, un secours de 50 fr. Il lui avait été alloué, en outre, un secours de 25 fr. pour chacun de ses enfants. Enfin, des trousseaux ont été délivrés au moment de leur embarquement aux familles qui ont été reconnues en avoir besoin.

A leur débarquement en Nouvelle-Calédonie, des subsides en vivres et un abri temporaire ont été accordés aux femmes et aux enfants, dont les chefs ne pouvaient subvenir immédiatement à leur entretien, mais qui avaient été reconnus aptes à remplir l'engagement de satisfaire, dans le délai de deux ans, aux besoins de leur famille.

Les concessions de terre ne sont pas accordées aux déportés sans conditions. Il faut qu'ils les mettent en culture, qu'ils tiennent une bonne conduite, ne s'évadent pas ou ne tentent pas de s'évader, enfin qu'ils n'aient commis ni crime ni délit ayant entraîné des peines criminelles ou correctionnelles.

Dans le cas contraire, les concessions leur sont retirées.

Mais les familles des condamnés peuvent obtenir l'autorisation de continuer en leur lieu et place l'exploitation de la concession et en acquérir la propriété.

Toute concession qui n'est pas retirée dans un délai de cinq ans devient définitive. Les terrains concédés sont communs entre le mari et la femme, mariés sous le régime de la communauté ou avec une société d'acquêts.

Si le concessionnaire meurt avant les cinq ans, sa veuve et ses enfants peuvent être autorisés à continuer la possession et devenir propriétaires à l'expiration du délai qui restait à courir, sous les conditions imposées au concessionnaire.

Si c'est après le délai de cinq ans et alors que la concession a été rendue définitive que le concessionnaire vient à mourir, ses biens sont attribués à ses héritiers d'après les règles du droit commun.

Enfin, les condamnés peuvent, dans les limites tracées par le Code civil, disposer, soit par testament, soit par donation entre vifs, de leurs biens, dans quelque lieu qu'ils soient situés, en faveur de leurs conjoints habitant avec eux.

Ces dispositions dictées par la sollicitude et l'humanité seront, il faut l'espérer, un puissant encouragement pour les déportés soucieux de leurs intérêts bien entendus.

Elles ne concernent que les travailleurs libres. Nous allons voir maintenant quelle est la situation des déportés qui travaillent dans les ateliers de l'Etat.

XXVII. — DES SALAIRES

Dès le début, les condamnés admis à travailler pour le compte de l'administration reçurent un salaire journalier fixé à un franc pour les manœuvres, terrassiers, balayeurs, cantonniers, etc., et à un franc vingt centimes pour les boulangers, charpentiers, charrons et autres ouvriers exerçant des professions analogues. Les piqueurs chargés des travaux reçurent deux francs. Il leur était accordé, en outre, la ration de vivres.

Les salaires furent payés tous les quinze jours. La durée de la journée de travail était fixée à huit heures.

On reconnut bientôt que le salaire à la journée présentait des inconvénients. En effet, une fois fixé, ce salaire était payé tout aussi bien au mauvais qu'au bon travailleur, et l'administration restait à peu près désarmée contre la paresse ou la mauvaise volonté.

Le travail à la tâche parut au contraire le moyen de rémunération équitable par excellence ; il dénonce la paresse, met le zèle en évidence, excite l'homme à produire et offre le mode le plus économique et le plus rapide d'exécution des travaux.

On ne se dissimula pas toutefois que des difficultés sérieuses pourraient s'élever pour le métrage des tâches. Il fallut prescrire des mesurages fréquents et contradictoires et une surveillance incessante.

Pour établir les tarifs on prit pour types deux séries complètes de la ville de Paris, qui servirent de base à la fixation des salaires. Les prix de France ne pouvaient raisonnablement pas être adoptés pour la Nouvelle-Calédonie, mais ils servirent à établir des rapports proportionnels entre telle et telle nature de travaux. On a donné aux salaires une élévation suffisante pour entretenir le zèle et le désir de bien faire chez les ouvriers, tout en tenant compte de la valeur des choses dont profite déjà le condamné qui est entretenu aux frais de l'Etat, c'est-à-dire de son habillement, de son logement et de sa nourriture.

XXVIII. — PASSAGE SUR LA GRANDE-TERRE

J'ai déjà dit que le gouverneur a le droit l'accorder aux déportés qui se sont bien conduits l'autorisation de passer sur la Grande-Terre. Dans la prévision de ce passage, il confia à un praticien distingué, ancien élève de Grand-Jouan, la mission de rechercher un point favorable pour une exploitation agricole d'une certaine importance et autour de laquelle on put créer, s'il était possible, avec le concours des déportés, un centre sérieux de colonisation. Le choix de l'explorateur se fixa sur une vallée peu éloignée de l'embouchure de la Foa, dans le voisinage d'Ourail.

Le 26 octobre 1873, une première escouade de dix hommes a commencé des travaux de défrichement. Les déportés de bonne volonté peuvent se grouper autour d'une ferme modèle, consacrée principalement à

4

l'élevage du bétail, si productif en Nouvelle-Calédonie ; ils y trouvent, avec un terrain excellent, les secours de la ferme, du travail salarié, des reproducteurs et beaucoup d'autres avantages.

Aujourd'hui, les autorisations de passage s'élèvent à plus de 600. Un grand nombre de déportés a fixé sa résidence à Nouméa, d'autres à Gomen, quelques-uns ont trouvé des engagements dans le nord de l'île, aux mines de Diahot et de Balade.

Le travail libre est largement rémunéré en Nouvelle-Calédonie. La journée moyenne des ouvriers d'art à Nouméa est actuellement de 10 à 15 fr. pour huit heures de travail. Un déporté cordonnier s'est associé à un bailleur de fonds anglais, il occupe dix ouvriers et fait un profit net de plus de cinquante francs par jour. Un ébéniste, qui gagne 400 fr. par mois, a appelé son fils et tous les deux font 750 fr. de recettes mensuelles ; un comptable a trouvé une situation de 400 fr. par mois. Le fils d'un déporté, âgé de dix à peine, gagne 100 fr. par mois et la nourriture à faire des courses pour une maison de commerce du chef-lieu.

Quand je fus exactement renseigné sur les conditions du travail dans la colonie, je compris que le parti le plus sage était de passer sur la Grande-Terre. J'en demandai l'autorisation, qui me fut accordée la semaine suivante. Je profitai du retour du courrier pour me rendre à Nouméa et, le lendemain de mon arrivée, je frappais à la porte de mademoiselle Louise.

XXIX. — EST-ELLE VOLAGE ?

En m'apercevant, elle s'élança au-devant de moi, me tendit la main d'un air affectueux, mais ne me parut point partager l'émotion profonde qui me dominait.

— Vous savez, lui dis-je, qu'on parle de vous avec admiration dans toute l'étendue de la colonie?

— Oui, répondit-elle, avec un sourire que je ne pus définir. J'ai même reçu des propositions de mariage très avantageuses.

— Que vous n'avez pas repoussées, malgré vos engagements antérieurs.

— Voulez-vous me dire, répliqua-t-elle, sur un ton légèrement froissé, quels sont les engagements que j'ai contractés, et avec qui ?

Je sentis que j'étais allé trop loin. Mlle Louise m'avait autorisé à concevoir des espérances, mais jamais elle ne s'était liée

par des promesses. Je réparai ma sottise
en répondant par une de ces ambiguïtés
qui déguisent mal une défaite et [dont les
femmes savent tirer profit pour consolider
leur empire sur nous. Mlle Louise ne
laissa pas échapper cette occasion de se
venger de la pointe dont je l'avais blessée.
Nous nous entretînmes ainsi pendant vingt
minutes, avec une certaine aigreur, et je
ne pus m'empêcher de lui faire observer
que ce n'était vraiment pas la peine d'être
venue des antipodes pour me recevoir
ainsi ; à quoi elle répondit que son voyage
en Nouvelle-Calédonie n'avait d'autre but
que de tenter la fortnne.

— Vous n'avez alors qu'à épouser Islington, m'écriai-je avec emportement, et vous
serez riche, mais....

— Et pourquoi pas? dit-elle avant de me
laisser achever.

La parole expira dans ma bouche. Le trait
que j'allais décocher était envenimé ; je le
retins prudemment, dans la crainte de faire
une de ces blessures qu'aucun baume ne
peut ensuite guérir. Sentant qu'au fond
j'avais les torts d'un jaloux, je fis une sage
retraite que, dans la bonté de son cœur,

Mlle Louise ne troubla point. Nous finîmes par causer avec un certain abandon, tout en observant de chaque côté une grande réserve, et je la quittai pleinement convaincu qu'elle présidait à la phase décisive de son existence avec une fermeté et une prudence peu communes chez une femme d'une sensibilité d'ailleurs incontestable.

Je me promenai longtemps sur les quais de Nouméa, plongé dans les réflexions graves que ma visite me suggéraient, quand je fus heurté violemment par un passant qui ne regardait pas devant lui. Je me retournai avec vivacité pour lui reprocher sa maladresse, quand je me trouvai en face de l'avocat.

XXX. LA JUSTICE

Nous poussons tous deux un cri de joyeux étonnement et nous tombons dans les bras l'un de l'autre.

— Vous ici ? nous écrions-nous en même temps.

— Vous savez. me dit-il, que dix jours après notre arrivée à l'île des Pins, je fus dirigé sur la cinquième commune, alors que vous fûtes maintenu dans la première. Bientôt après, le commandant territorial de l'île, voyant que si je ne travaillais pas c'était parce que je ne trouvais pas à utiliser mes aptitudes, m'engagea paternellement à me rendre sur la Grande-Terre ; il en fit pour moi la demande qui me fut accordée sans difficulté, et je m'établis à Nouméa, où j'ai ouvert un cabinet d'affaires qui me procure déjà de beaux bénéfices. De plus, j'ai obtenu l'autorisation de plaider devant les conseils de guerre pour les déportés qui ont commis des crimes ou des délits.

— Les déportés sont donc justiciables des conseils de guerre?

— Oui. Voici comment la justice est organisée à leur égard. Les autorités de la déportation sont investies d'un pouvoir disciplinaire assez étendu qui leur permet de réprimer les fautes légères sans recourir aux tribunaux. Elles peuvent prononcer l'exclusion des chantiers, la suppression de salaire, la réintégration à l'île des Pins par suite d'inconduite, l'emprisonnement et la mise au cachot. En un an et demi, 229 punitions de ce genre ont été infligées aux déportés des deux catégories. Les causes des punitions les plus nombreuses ont été le défaut de répondre à l'appel, les excursions sur le territoire militaire et le vol des patates dans les champs appartenant à des indigènes.

Quant aux infractions aux lois pénales. elles sont déférées : les contraventions aux tribunaux de simple police, les crimes et délits aux conseils de guerre. D'octobre 1872 au mois de janvier 1874, cent déportés

ont eté condamnés, savoir : 3 aux travaux
forcés, 3 à la reclusion, 36 à l'emprisonnement, 58 à l'amende. Les faits qui ont mo-
tivé ces condamnations sont : l'ivresse manifeste, le défaut de comparution comme
témoin, les outrages envers les dépositai-
res de la force publique, les coups et blessures, le vol, le faux et le viol.

L'un des conseils de guerre de la colonie
a été établi à l'île des Pins, dans le but
d'éviter des déplacements aux prévenus et
aux témoins. L'autre réside à Nouméa et
juge les déportés de l'enceinte fortifiée qui
peuvent y être transportés facilement de la
presqu'île Ducos.

Quant à l'exécution des peines, on a in-
nové, en ce qui concerne la réclusion,
l'emprisonnement et l'amende.

La peine de mort est-elle prononcée? Le
gouverneur réunit le conseil de la colonie,
composé de sept membres, pour le consul-
ter sur le point de savoir s'il y a lieu d'a-
bandonner ou non le coupable à la rigueur
des lois ; si deux voix expriment l'avis
qu'il est bon de soumettre l'affaire à la clémence du chef de l'Etat, le dossier est en-
voyé au ministre de la marine, qui provo-

que l'appréciation du garde des sceaux et la présente, avec sa proposition, au président de la République.

Si la peine est exécutée, le condamné est fusillé, conformément aux dispositions du code militaire et par le motif que c'est un conseil de guerre qui a jugé.

La déportation étant une peine perpétuelle, on a décidé que le déporté qui aurait encouru d'autres condamnations commencerait par subir ces condamnations aussitôt qu'elles seraient devenues définitives, car autrement elles seraient illusoires.

Ceux qui sont frappés des travaux forcés se voient tranférés à l'île Nou, dans les établissements pénitentiaires de la transportation.

En dehors de ces pénitentiers, il n'existe pas d'établissements dont l'installation soit suffisante pour que les peines de la réclusion ou de l'emprisonnement puissent y être subies, si leur population venait à s'augmenter. il serait d'ailleurs dangereux de soumettre les condamnés au régime débilitant des prisons, sous un climat aussi chaud que celui de la colonie. On a laissé, en conséquence, à l'administration la faculté d'astreindre les condamnés au travail, soit dans les ateliers de l'intérieur de la prison, soit dans ceux du dehors.

On a également substitué le travail obligatoire aux condamnations pécuniaires, à l'amende et aux frais. Il était désirable que les déportés ne fussent pas forcés de diminuer le petit pécule nécessaire à leur exploitation. Si donc ils ne se libèrent pas dans la première quinzaine, les condamnations sont converties en journées de travail pour le compte et dans les ateliers de l'Etat, c'est-à-dire, en journées de prestations. Dans le cas où il y aurait mauvaise volonté évidente, les délinquants peuvent être contraints d'acquitter leurs journées de travail dans les colonies de discipline, où sont employés les condamnés correctionnels et les réclusionnaires.

Les familles des déportés sont soumises aux mêmes juridictoins de pénalités que leurs chefs.

Je ne vous dirai qu'un mot des mesures prises pour éviter les évasions. En France, l'évasion sans bris de prison ne tombe pas sous l'application de la loi pénale. En

Nouvelle-Calédonie, elle est punie sévèrement, même s'il n'y a pas eu bris de prison. Les navires et les personnes qui approchent des lieux de déportation sont assujettis à des formalités multiples qui ont précisément pour but de prévenir les évasions. Il est presque impossible de s'évader de l'île des Pins, mais non de la presqu'île Ducos — un exemple célèbre l'a prouvé récemment — où la disposition des lieux, la fréquentation de la rade par des navires étrangers et les difficultés de la surveillance, peuvent tenter les esprits aventureux.

Savez-vous, ajouta l'avocat, qui vient de commettre une tentative de ce genre? Notre ami Jardel, que je dois défendre samedi prochain devant le Conseil de guerre de Nouméa. Mais, au fait, il subit l'emprisonnement préventif tout près d'ici; voulez-vous venir le visiter?

J'acceptai avec empressement

Jardel me revit avec plaisir. Il raconta
son affaire à l'avocat. Le cas n'était pas
grave. On l'avait saisi au moment où il
s'éloignait du rivage dans une embarca-
tion qu'il avait trouvé, par hazard, momentanément abandonnée dans une crique.
Il prétendait qu'il n'avait eu d'autre intention que de goûter le plaisir d'une promenade en mer. Comme à cet endroit aucun navire n'était en vue, son explication
paraîssait plausible.

Au cours de la conversation, je m'assurai
qu'il avait conservé tout son mauvais esprit. J'essayai néanmoins de tenter encore
une fois la tâche difficile de le ramener
dans la bonne voie.

— Te souviens-tu, lui dis-je, des émeutes
d'octobre 1870 et de janvier 1871 ? Ces jours
là, nous avons attaqué le gouvernement de

la Défense Nationale, sous les yeux de
l'ennemi qui enveloppait Paris et qui pro-
fitait de nos discordes. N'avons-nous pas
trahi la France?

Plus tard, une assemblée, issue du suffrage universel, expression, par consé-
quent indiscutable de la volonté nationale,
se réunit à Versailles pour réorganiser la
patrie démembrée, sonder ses plaies, la
ressusciter de la demi-mort qui oppressait
sa poitrine; nous nous révoltons contre
cette assemblée, toujours en présence de
l'ennemi.

Quel pouvoir opposons-nous à Versailles?
La Commune!

La Commune est née de la rebellion du
comité central de la garde-nationale, qui,
une fois l'assemblée municipale élue, devait résigner son mandat. Mais, comme ce
mandat c'était lui-même qui se l'était dé-
cerné, le comité central se garde bien de
le déposer; il continue à l'exercer et d'une
façon d'autant plus dangereuse qu'elle
était occulte.

Sentant que dès lors elle n'avait pas la
force de faire respecter ses décisions, la
Commune nomme un comité de salut public

destiné à prêter son appui à sa commission exécutive, mais ce comité la domine immédiatement. Voilà donc trois pouvoirs indépendants l'un de l'autre, qui, bientôt après, deviennent rivaux et entrent en lutte.

Dans les subdivisions de l'administration, la même anarchie se reproduit. Les délégués de la Commune dans les arrondissements obéissent tantôt à l'un, tantôt à l'autre des trois pouvoirs, suivant leur caprice ou leur tempérament. Ils sont parfois dominés eux-mêmes par les commissions municipales qui auraient dû leur être subordonnées.

Enfin, dans l'administration de la guerre, on voit souvent aux prises le délégué de la Commune avec les chefs de légion, les cercles de bataillon et les délégués des compagnies, comme aussi tous ces divers pouvoirs entre eux. C'était la tyrannie de tous et de chacun, en haut, en bas, partout.

Tu sais aussi bien que moi ce qu'a produit cet état de choses, où, suivant l'expression de Rossel : « Tout le monde commandait et personne ne voulait obéir. »

Impéritie, désordre, malversations, usurpations, arrestations arbitraires, sequestrations illégales, pillage, destruction d'édifices, exécution des otages, satisfaction de vengeances particulières, — comme l'assassinat de l'héroïque Chaudey, — massacre de pauvres prêtres et d'humbles soldats fidèles à leur foi et à leur devoir; enfin, pour illuminer ces horreurs des seules lueurs qui dût les éclairer, incendie de Paris !

Voilà le bilan de la Commune et il ne pouvait pas en être autrement; ces résultats devaient nécessairement et logiquement découler de la nature illégale, arbitraire, violente et sans contrôle du pouvoir insurrectionnel.

Ce sont des vérités tellement incontestables que si l'armée de Versailles n'avait pas eu la mission de délivrer la population parisienne de notre oppression, elle n'avait qu'à nous cerner et à nous abandonner à nous-mêmes; en deux mois, nous nous nous serions immanquablement dévorés les uns les autres. Oseras-tu soutenir le contraire ?

La Commune vaincue, qu'a fait l'Assemblée nationale ? Elle était toute-puissante et pouvait, ou nous fusiller, ou nous transporter en masse, sans jugement. Elle n'a pas même voulu nous soumettre à des juridictions extraordinaires, et, respectueuse observatrice de la loi, elle nous a tous fait comparaître devant nos juges naturels.

Déportés sur une colonie lointaine, n'avons-nous pas tous les jours l'occasion de constater sa sollicitude ? Ses lois poursuivent deux buts également louables : notre retour au bien par l'ascension des échelons gradués de notre peine et la colonisation de la Nouvelle-Calédonie.

L'esprit de suite commande aux Assemblées nationales qui se succéderont de ne pas accorder d'amnistie. L'amnistie brise les fers du condamné incorrigible comme ceux du condamné repentant ; elle entraînerait ensuite l'abandon des entreprises de la déportation ; les mesures de clémence individuelles seules peuvent récompenser le condamné méritant sans compromettre l'avenir de la colonie.

Ah ! si tous nos camarades pouvaient m'entendre, je leur dirais : Tant que nous n'aurons pas reconquis notre dignité de citoyens, imposons silence à nos sentiments politiques et ne songeons qu'à la France. Cultivons cette terre vierge encore, enrichissons-là par le commerce et l'industrie, embellissons-là par les manifestations de l'art. Que chacun de nous opère en lui-même une réforme personnelle. Dépouillons-nous des habitudes qui nous dégradent, des propos grossiers qui nous rabaissent, des haines civiles qui flétrissent nos cœurs.

La société a jeté les fondements de notre régénération en nous permettant de nous relever par la famille et la propriété. Ne trahissons pas son attente. Acheminons-nous patiemment vers notre RÉHABILITATION et alors nous pourrons dire à la France : Tes enfants égarés sont dignes maintenant de rentrer dans ton sein ; en échange des douleurs que nous t'avons infligées et des humiliations dont nous t'avons abreuvée, nous t'offrons une Calédonie vraiment nouvelle, florissante et civilisée.

XXXII. — PÉRIPÉTIE

Ces paroles parurent produire une profonde impression sur l'esprit de Jardel. Il me le fit sentir dans l'étreinte éloquente par laquelle s'unirent nos mains désormais réconciliées.

Le samedi suivant, il comparut devant le conseil de guerre, raconta les faits avec sa sincérité naturelle et fut acquitté.

Moi, je me dirigeai vers la demeure de Mlle Louise. Les maisons étant construites en bois, je pus entendre une voix d'homme dans son salon, c'était celle d'Islington. Torturé par la jalousie, je me glissai dans un cabinet voisin pour écouter : ils parlaient de leurs opérations commerciales, qui me parurent considérables. Puis Islington, revenant sans doute sur un sujet bien des fois traité entre eux, la supplia de consentir à leur mariage. Elle opposa

un refus poli mais d'une fermeté inébran-
lable. Ne se tenant pas pour battu, Islington fit miroiter à ses yeux l'éblouissement
de son immense fortune ; elle resta inflexible. Enfin, irrité de sa résistance, il lui
reprocha le choix indigne d'elle qu'elle
avait fait... Le balbutiement de sa colère
m'empécha de distinguer le reste, mais il
me sembla que sa phrase se terminait par
les mots de : *vil déporté.*

Mlle Louise se leva tout-à-coup et avec
l'accent de l'indignation :

— Sortez ! monsieur, s'écria-t-elle, on
n'insulte pas deux fois ici celui que j'aime.

Islington s'élança dehors en fermant la
porte avec fureur. Je la rouvris aussitôt,
transporté de joie, et je ployai mes genoux
devant celle que j'étais honteux d'avoir
soupçonnée. Mais elle se précipita vers
moi pour me retenir.

— Non ! Jacques, dit-elle avec une émotion aussi vive que la mienne, pas à genoux !

Elle tomba sur mon cœur, et, pendant un
moment, nous confondîmes nos larmes
dans un embrassement plein d'une chaste
ivresse.

Elie avait voulu me surprendre, et pendant qu'elle me témoignait en apparence de la froideur, elle travaillait activement sous main à ma délivrance. A sa prière, le gouverneur avait sollicité ma grâce entière. Deux mois après, cette mesure d'indulgence me fut annoncée.

Nous sommes mariés depuis le mois de mars. Elle fait un commerce étendu et moi j'ai fondé une maison de commission. Nous gagnons déjà plus de deux mille francs par mois, malgré la concurrence déloyale que nous fait Islington. Ma mère et ma sœur ont vendu notre petite propriété et traversent l'Océan pour venir nous retrouver. Jardel travaille avec ardeur; Fantet, que j'ai fini par convertir à la pratique de la tempérance, ne songe qu'aux moyens d'appeler auprès de lui sa femme et ses enfants. Quant à l'avocat, il doit épouser dans trois mois la fille d'un de mes correspondants de Kanala, charmante enfant née et élevée dans la colonie.

Le père Jean, qui a bien voulu nous don-

ner la bénédiction nuptiale, nous répète
sans cesse :

— Ne vous avais-je pas dit sur *la Guerrière* qu'un jour peut-être vous remercierez
Dieu de vous avoir infligé l'épreuve de
votre condamnation ?

Pour toute réponse, mes yeux se por-
tent avec attendrissement sur Louise.

FIN

APPENDICE

LOI sur la déportation (5, 22 avril et 8 juin 1850).

L'ASSEMBLÉE NATIONALE a adopté la loi dont la teneur suit :

ARTICLE PREMIER. — Dans tous les cas où la peine de mort est abolie par l'article 5 de la Constitution, cette peine est remplacée par celle de la déportation dans une enceinte fortifiée, désignée par la loi, hors du territoire continental de la République.

Les déportés y jouiront de toute la liberté compatible avec la nécessité d'assurer la garde de leur personne.

Ils seront soumis à un régime de police et de surveillance déterminé par un règlement d'administration publique.

ART. 2. — En cas de déclaration de circonstances atténuantes, si la peine prononcée par la loi est celle de la déportation dans une enceinte fortifiée, les juges appliqueront celle de la déportation simple ou celle de la détention ; mais, dans les cas prévus par les articles 86, 96 et 97 du Code pénal, la peine de la déportation simple sera seule appliquée.

ART. 3. — En aucun cas, la condamnation à la déportation n'emporte la mort civile ; elle entraîne la dégradation civique.

De plus, tant qu'une loi nouvelle n'aura pas statué sur les effets civils des peines perpétuelles, les déportés seront en état d'interdiction légale, conformément aux articles 29 et 31 du Code pénal.

Néanmoins, hors le cas de déportation dans une enceinte fortifiée, les condamnés auront l'exercice des droits civils dans le lieu de déportation.

Il pourra leur être remis, avec l'autorisation du gouvernement, tout ou partie de leurs biens.

Sauf l'effet de cette remise, les actes par eux faits dans le lieu de déportation ne pourront affecter les biens qu'ils possédaient au jour de leur condamnation, ni ceux qui leur seront échus par succession ou donation.

Art. 4. — La vallée de Vaithau, aux îles Marquises, est déclarée lieu de déportation pour l'application de l'article 1er de la présente loi.

Art. 5. — L'île de Nouka-Hiva, l'une des Marquises, est déclarée lieu de déportation pour l'exécution de l'article 17 du Code pénal.

Art. 6. — Le gouvernement déterminera les moyens de travail qui seront donnés aux condamnés, s'ils le demandent.

Il pourvoira à l'entretien des déportés qui ne subviendraient pas à cette dépense par leurs propres ressources.

Art. 7. — Dans le cas où les lieux établis pour la déportation viendraient à être changés par la loi, les déportés seraient transférés des anciens lieux de déportation dans les nouveaux.

Art. 8. — La présente loi n'est applicable qu'aux crimes commis postérieurement à sa promulgation.

LOI qui désigne de nouveaux lieux de déportation (23 mars 1872).

L'ASSEMBLÉE NATIONALE a adopté,

LE PRÉSIDENT DE LA RÉPUBLIQUE promulgue la loi dont la teneur suit :

Article premier. — Les paragraphes 2 et 3 de l'article 1er et les articles 4 et 5 de la loi du 8 juin 1850 sont abrogés.

Art. 2. — La presqu'île Ducos, dans la Nouvelle-Calédonie, est déclarée lieu de déportation dans une enceinte fortifiée.

ART. 3. — L'île des Pins, et, en cas d'insuffisance, l'île Maré, dépendances de la Nouvelle-Calédonie, sont déclarées lieux de déportation simple pour l'exécution de l'article 17 du Code pénal (déportation simple).

ART. 4. — Les condamnés à la déportation dans une enceinte fortifiée jouiront dans la presqu'île Ducos de toute la liberté compatible avec la nécessité d'assurer la garde de leur personne et le maintien de l'ordre. Ils seront soumis à un régime de police et de surveillance déterminé par un règlement d'administration publique qui sera rendu dans un délai de deux mois, à partir de la promulgation de la présente loi. Ce règlement fixera les conditions sous lesquelles les déportés seront autorisés à circuler dans tout ou partie de la presqu'île, suivant leur nombre, à s'y occuper des travaux de culture ou d'industrie, et à y former des établissements provisoires par groupe ou par famille.

ART. 5. — Les condamnés à la déportation simple jouiront, dans l'île des Pins et dans l'île Maré, d'une liberté qui n'aura pour limite que les précautions indispensables pour empêcher les évasions et assurer la sécurité et le bon ordre.

ART. 6. — Un projet de loi réglant le régime des condamnés, la compétence disciplinaire à laquelle ils seront soumis, les mesures destinées à prévenir le désordre et les évasions, les concessions de terre, soit dans les îles, soit dans la Grande-Terre, les conditions auxquelles elles pourront être faites et révoquées, enfin le droit pour les familles des déportés de se rendre dans les lieux de déportation, et les conditions auxquelles elles pourront obtenir leur transport aux frais de l'Etat, sera présenté par le gouvernement dans les deux mois qui suivront la promulgation de la présente loi.

LOI ayant pour objet de régler la condition des déportés à la Nouvelle-Calédonie (25 mars 1873.)

L'ASSEMBLÉE NATIONALE a adopté,

LE PRÉSIDENT DE LA RÉPUBLIQUE FRANÇAISE promulgue la loi dont la teneur suit :

ARTICLE PREMIER. — Les condamnés seront soumis, dans le lieu assigné à la déportation, aux mesures nécessaires, tant pour prévenir leur évasion que pour garantir la sécurité et le bon ordre dans le sein de la colonie.

Ces mesures seront l'objet d'arrêtés pris par le gouverneur en conseil, exécutoires provisoirement et soumis à l'approbation des ministres de la marine et de la justice.

Ces arrêtés seront insérés avec mention de l'approbation ou du refus de l'approbation dans une notice spéciale qui sera annuellement distribuée aux assemblées législatives, et par laquelle il sera rendu compte de l'état et des progrès de la colonisation pénale.

Toute infraction à ces arrêtés sera punie des peines disciplinaires portées par l'article 369 du Code de justice militaire pour les armées de mer, modifié par l'article 8 du décret du 21 juin 1858.

ART. 2. — Tout déporté qui se sera rendu coupable d'un crime ou d'un délit, sera justiciable des conseils de guerre.

ART. 3. — Les articles 237 à 248 du Code pénal sont applicables à l'évasion et à la tentative d'évasion des déportés, commises même sans bris de clôture et sans violence, sans préjudice des dispositions de l'article 17, paragraphe 2, du même Code, en cas de rentrée sur le territoire de la France.

La peine pourra être portée au double s'il y a récidive, ou bien si l'évasion ou la tentative d'évasion a été concertée entre plusieurs déportés.

Les individus prévenus de complicité dans l'évasion ou la tentative d'évasion des déportés seront justiciables des conseils de guerre.

ART. 4. — Les peines auxquelles sont condamnés les déportés seront subies aussitôt que la condamnation sera devenue définitive.

ART. 5. — Les déportés condamnés à la réclusion ou à l'emprisonnement par les conseils de guerre seront, pendant la durée de leur peine, astreints au travail dans les ateliers de l'administration, soit dans l'intérieur de la prison, soit au dehors.

ART. 6. — A défaut de payement dans la quinzaine des premières poursuites, les condamnations à l'amende et aux frais sont de droit converties en journées de travail pour le compte et sur les ateliers de la colonie, d'après le taux et les conditions réglés par arrêté du gouverneur en conseil. Faute de satisfaire à cette obligation, les délinquants sont contraints à acquitter leurs journées de travail sur les ateliers de discipline.

ART. 7. — Les femmes et les enfants des condamnés auront la faculté d'aller les rejoindre. Dans la limite du crédit spécial ouvert annuellement au budget de la déportation, le gouvernement se chargera du transport gratuit des femmes et des enfants de ceux qui sont en mesure, soit par l'exploitation d'une concession, soit par l'exercice d'une industrie, de subvenir aux besoins de leur famille. Dans les mêmes limites, et en outre du passage gratuit, des subsides en vivres et en vêtements et un abri temporaire pourront être accordés, à l'arrivée dans la colonie, aux femmes et aux enfants

de ceux qui seront reconnus aptes à remplir l'engagement de satisfaire, dans le délai de deux ans, aux besoins de leur famille.

ART. 8. — Les familles seront soumises au régime du territoire sur lequel elles seront établies.

ART. 9. — Les condamnés à la déportation simple, dès leur arrivée à la colonie, et les condamnés à la déportation dans une enceinte fortifiée qui auront été admis à jouir du bénéfice de l'article 15 de la présente loi, pourront recevoir une concession provisoire de terres, sans préjudice de leur droit d'exercer une industrie pour leur compte et de travailler pour le compte des particuliers.

ART. 10. — Les concessions provisoires peuvent être retirées pour inconduite, indiscipline, défaut de mise en culture des terres, évasion, tentative d'évasion, et pour tout crime ou délit ayant entraîné des peines criminelles ou correctionnelles.

Les décisions seront prises par le gouverneur en conseil.

Les familles de ceux qui auront été atteints par le présent article pourront obtenir, si elles résident dans la colonie, de continuer en leur lieu et place l'exploitation de la concession et en obtenir la propriété.

ART. 11. — Les concessions provisoires des terres qui n'auront pas été retirées, par application de l'article précédent, dans un délai de cinq ans, deviendront définitives, et des titres de propriété seront délivrés aux détenteurs. Les terrains concédés seront communs lorsque le déporté et son conjoint seront mariés en communauté ou avec société d'acquêts. En cas de prédécès du titulaire d'une concession provisoire avant les cinq ans, sa veuve et ses enfants pourront être autorisés à continuer la possession et devenir propriétaires à l'expiration du délai qui restait à courir, sous les conditions imposées au concessionnaire.

ART. 12. — En cas d'évasion consommée, le déporté sera déchu de tout droit sur la concession. Toutefois, la femme et, en cas de décès de la femme, les enfants, ou la femme concurremment avec les enfants, en conserveront la jouissance tant qu'ils resteront dans la colonie, aux conditions et dans les proportions qui seront réglées par un arrêté du gouverneur.

Ils pourront aussi devenir propriétaires définitifs en vertu d'une décision rendue par le gouverneur en conseil.

ART. 13. — Si le concessionnaire vient à mourir après que la concession a été rendue définitive, les biens qui en font partie seront attribués aux héritiers d'après les règles du droit commun. Néanmoins, dans le cas où il n'existerait pas d'enfants légitimes ou autres descendants, la veuve, si elle habitait avec son mari, succédera à la moitié en propriété, tant de la concession que des autres biens que le condamné aurait acquis dans la colonie. En cas d'existence d'enfants légitimes ou autres descendants, le droit de la femme ne sera que d'un tiers en usufruit.

Par dérogation à l'article 16 de la présente loi, les condamnés pourront, dans les limites autorisées par les articles 1094 et 1098 du Code civil, disposer de leurs biens dans quelque lieu qu'ils soient situés, soit par acte entre vifs, soit par testament en faveur de leurs conjoints habitant avec eux.

ART. 14. — Les dispositions des articles 7, 11, 12 et 13, sont applicables à l'époux de la femme déportée.

Toutefois, la concession accordée à la femme ne pourra être aliénée ou hypothéquée sans le consentement des deux époux.

ART. 15. — Le gouverneur a le droit d'autoriser l'établissement en dehors du territoire affecté à la déportation de tout condamné qui se sera fait remarquer par sa bonne conduite. La même faveur pourra être accordée à tout déporté dans une enceinte fortifiée, lorsque sa conduite aura été irréprochable pendant cinq ans.

Cette autorisation pourra toujours être révoquée par le gouverneur en conseil.

ART. 16. — Les dispositions de la loi du 31 mai 1854 continueront à recevoir leur exécution en ce qui concerne les condamnés à la déportation. Toutefois, les condamnés à la déportation simple auront de plein droit l'exercice des droits civils dans le lieu de déportation. Il pourra leur être remis, avec l'autorisation du gouvernement, tout ou partie de leurs biens. Sauf l'effet de cette remise, les actes faits par eux dans le lieu de déportation ne pourront ni engager ni affecter les biens qu'ils possédaient au jour de leur condamnation, ni ceux qui leur seraient échus à titre gratuit depuis cette époque.

Le gouvernement pourra, en outre, sur l'avis du gouverneur en conseil, accorder aux déportés l'exercice dans la colonie de tout ou partie des droits dont ils sont privés par l'article 34 du Code pénal.

ART. 17. — Le domicile des déportés pour tous les droits civils dont ils ont l'exercice aux colonies, est au lieu où ils subissent leur peine.

ART. 18. — Les dispositions du décret du 24 mars 1852, sur le mariage des Français résidant en Océanie, sont applicables aux déportés.

ART. 19. — Un règlement d'administration publique déterminera, aussitôt que les circonstances le permettront, les mesures d'assistance, d'instruction et d'hygiène publique propres à favoriser le développement d'une société naissante.

TABLE DES MATIÈRES

APPENDICE

Paris. — Imp. Schiller, 10, faub. Montmartre.

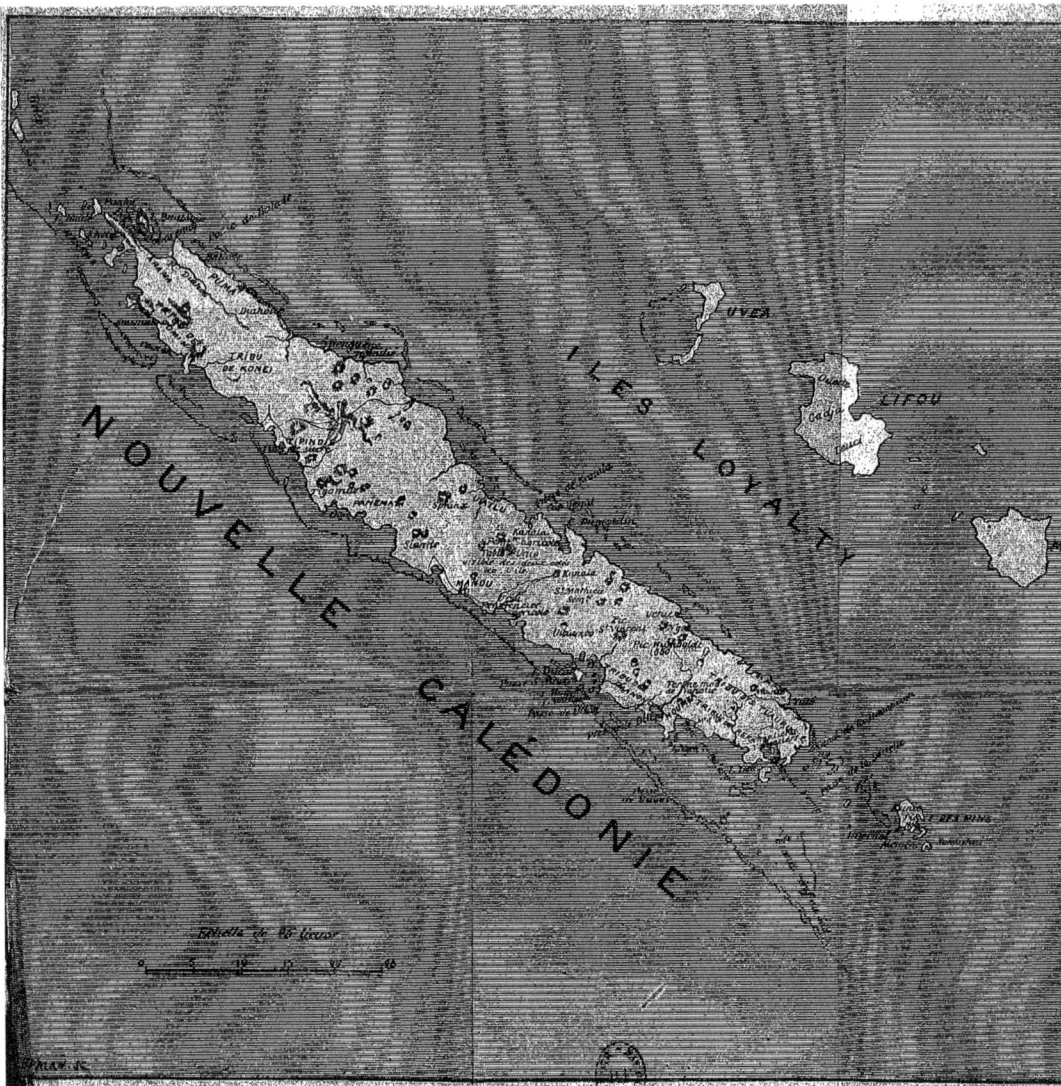

NOUVELLE CALÉDONIE

ILES LOYALTY

UVEA

LIFOU

Échelle de 25 lieues

ILE DES PINS

PRESQU'ÎLE DUCOS

NUMBO

GRANDE RADE DE NOUMÉA

ÎLE DUBOUZET-NOU

PETITE RADE OU PORT

NOUMÉA

Échelle de 1000 m.

www.ingramcontent.com/pod-product-compliance
Lightning Source LLC
Chambersburg PA
CBHW051726090426
42738CB00010B/2115